fabrico
verlag

Für Agnes, Aeneas und Aemilia

herausgegeben von Susanne Dreßler

Band 1

Impressum und Urheberrecht

ISBN: 978-3-946320-07-4 (Lehrerausgabe Buchexemplar)
ISBN: 978-3-946320-08-1 (Schülerausgabe Buchexemplar)
ISBN: 978-3-946320-09-8 (Schülerausgabe E-Book)

Werknutzungsrechte können vertraglich erworben werden von:
Johannes Adamietz, Langenbergstraße 53, 35580 Wetzlar

Bitte richten Sie Ihre Nachfragen an:
j.adamietz@llg-giessen.de
sdressler@web.de

Zeichnungen: Cornelius Mann
Layout und Drucksatz: Kari Malin Anderson
Gesamtherstellung: Susanne Dreßler

fabrico verlag® Hannover — Printed in Germany
www.fabrico-verlag.de

Bibliografische Information der Deutschen Nationalbibliothek:
Die Deutsche Nationalbibliothek verzeichnet diese Publikation in der Deutschen Nationalbibliografie; detaillierte bibliografische Daten sind im Internet über http://dnb.de abrufbar.

Käptn Chaos
und die Schatzinsel

Ein Musical von Johannes Adamietz
Herausgegeben von Susanne Dreßler

Inhalt

Einführung 9

Lied 1: Das Meer 16
Szene 1: Am Pier 19
Szene 2: Die Musterung 23
Lied 2: Wir wollen mit auf Seefahrt gehen 26
Lied 3: Im Klabautermann 28
Szene 3: Im Klabautermann 30
Szene 4: Der Aufbruch 33
Szene 5: Bei Old Oracle 37
Lied 4: Oh, oh, Old Oracle 38
Szene 6: Die Meerjungfrauen 44
Lied 5: Das Lied der Meerjungfrauen (erste Begegnung) 46
Szene 7: Die Flaute 48
Lied 6: Flautenrap 50
Lied 7: Der Landgang 58
Szene 8: Der Landgang 59

Szene 9: Die Sirenen 64
Lied 8: Das Lied der Sirenen 66
Szene 10: Die Piraten 69
Lied 9: Das Seeräuberlied 72
Szene 11: Der Sturm 78
Szene 12: Auf der Schatzinsel 80
Lied 10: Ein Schiff, das meinen Namen trug 82
Lied 11: Bei uns auf der Insel 86
Lied 12: Das Lied der Meerjungfrauen (zweite Begegnung) 90
Lied 13: Hey Käpt'n Chaos 94

Rollenverteilung 96
Requisitenliste 98
Tipps 100
Die Musical-Reihe „Käpt'n Chaos" 102
Biografien 104

Einführung

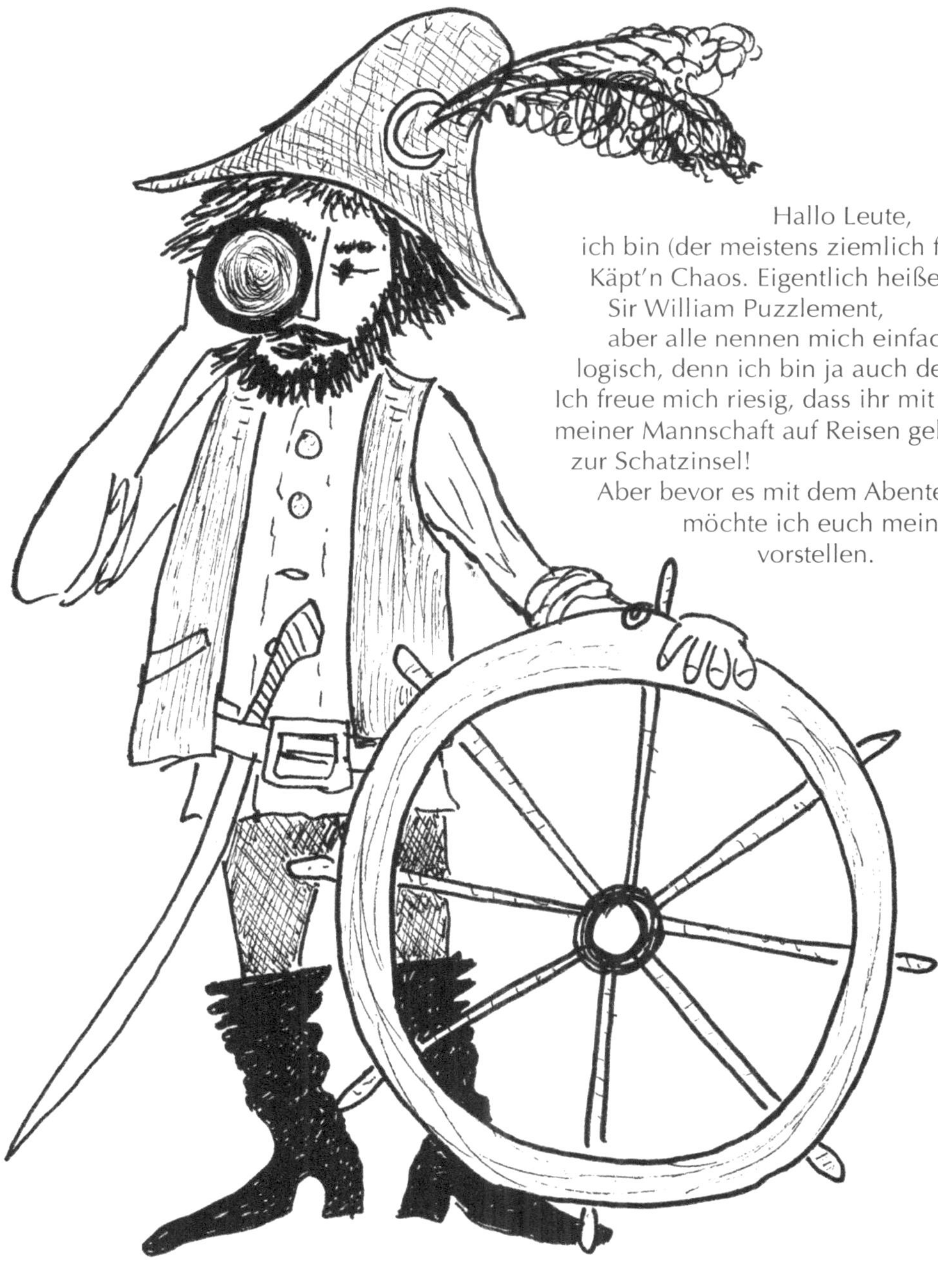

Hallo Leute,
ich bin (der meistens ziemlich furchtlose)
Käpt'n Chaos. Eigentlich heiße ich
Sir William Puzzlement,
aber alle nennen mich einfach Käpt'n,
logisch, denn ich bin ja auch der Kapitän.
Ich freue mich riesig, dass ihr mit mir und
meiner Mannschaft auf Reisen geht –
zur Schatzinsel!
Aber bevor es mit dem Abenteuer losgeht,
möchte ich euch meine Crew
vorstellen.

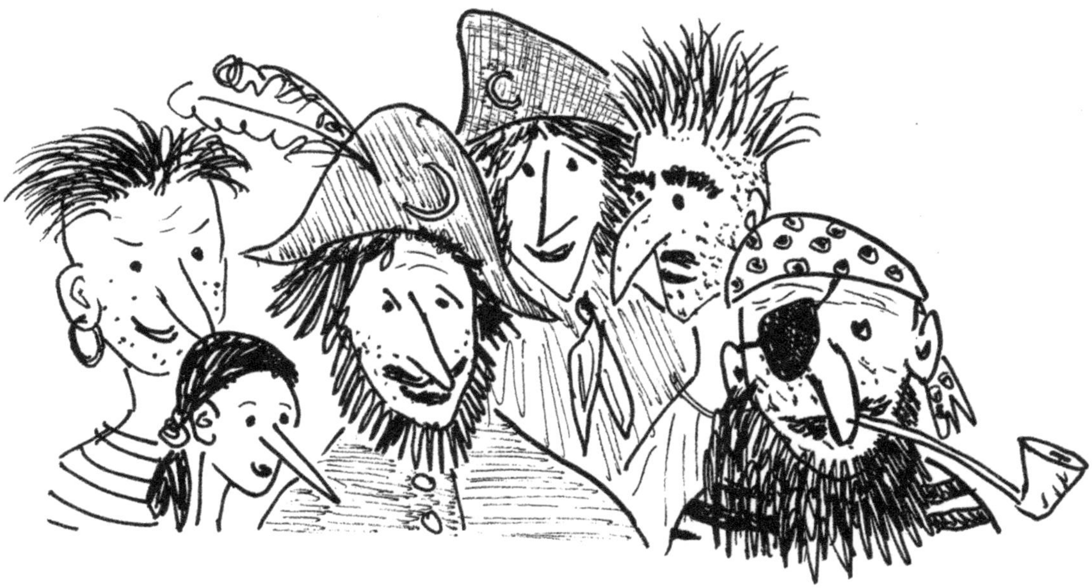

Hier seht ihr alle auf einen Blick:
Charles (mein Erster Offizier) und daneben meine vier Matrosen: Konrad der Koch, Lukas Leichtmatrose, Moritz Möchtegernseemann und natürlich Max, der alte Seebär.
Wir sind ein super Team, haben schon so manches Abenteuer gemeinsam auf unserem Schiff – der Chaos – erlebt und hatten dabei – wenn es mal so richtig brenzlig geworden ist – jede Menge Glück, äh … natürlich seemännisches Know-How. Wen und was wir schon alles auf unseren Reisen über die Weltmeere getroffen haben, davon könnte ich jetzt stundenlang erzählen. Auch auf dieser Reise zur Schatzinsel werdet ihr einige komische Gestalten kennen lernen, versprochen.

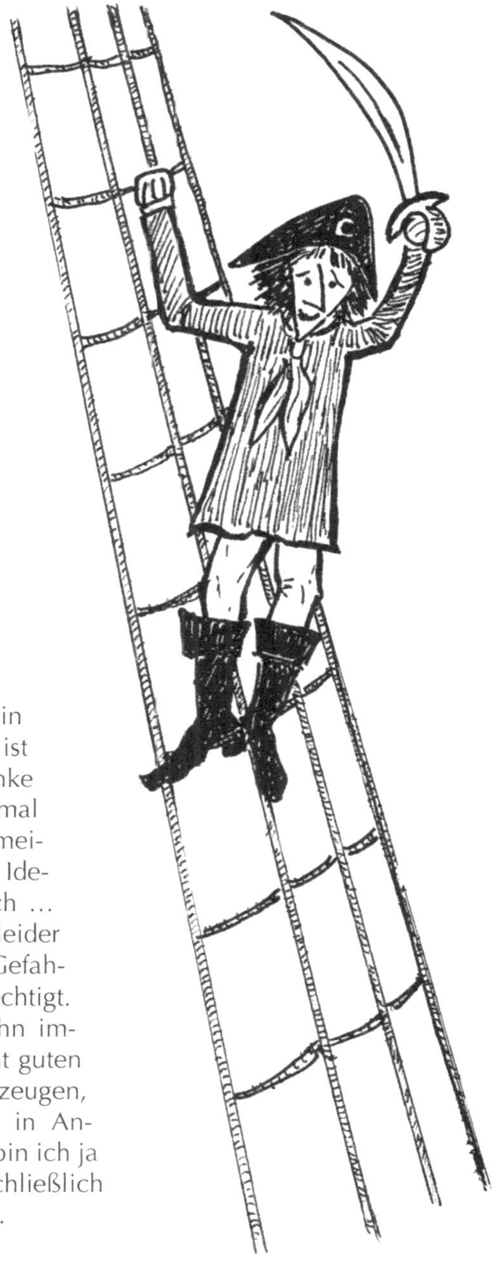

Also – das ist Charles, mein Erster Offizier. Leute, er ist quasi meine „rechte und linke Hand“ gleichzeitig. Manchmal meint er, er müsse mich in meinen tollkühnen Plänen und Ideen bremsen. So ein Quatsch … na gut, nicht ganz, denn leider sind seine Warnungen vor Gefahren manchmal auch berechtigt. Aber eigentlich kann ich ihn immer wieder mit meinen echt guten Argumenten davon überzeugen, das kommende Abenteuer in Angriff zu nehmen. Immerhin bin ich ja auch der Käpt'n und weiß schließlich ganz genau, wo es langgeht.

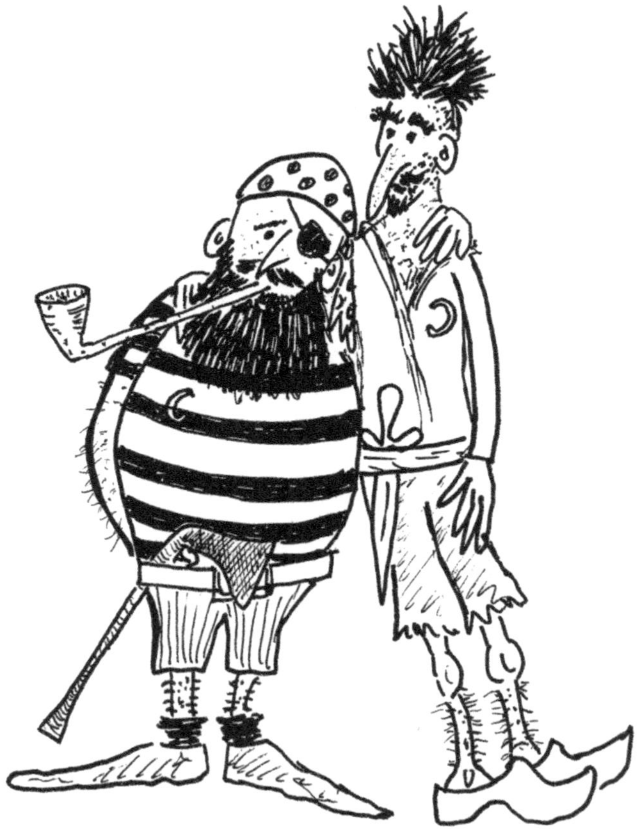

Ohne unsere mutigen Matrosen läuft natürlich gar nichts. Zum Beispiel Max, der alte Seebär, der fährt schon einige Jahre mit mir auf der CHAOS zur See und hat uns durch viele Stürme sicher hindurchgelotst.

Und daneben seht ihr Moritz Möchtegernseemann – er arbeitet noch daran, ein erfahrener Matrose zu werden. Er ist vor allem dann besonders mutig, wenn er an der Seite von Max unterwegs sein kann. Zusammen sind sie einfach unschlagbar.

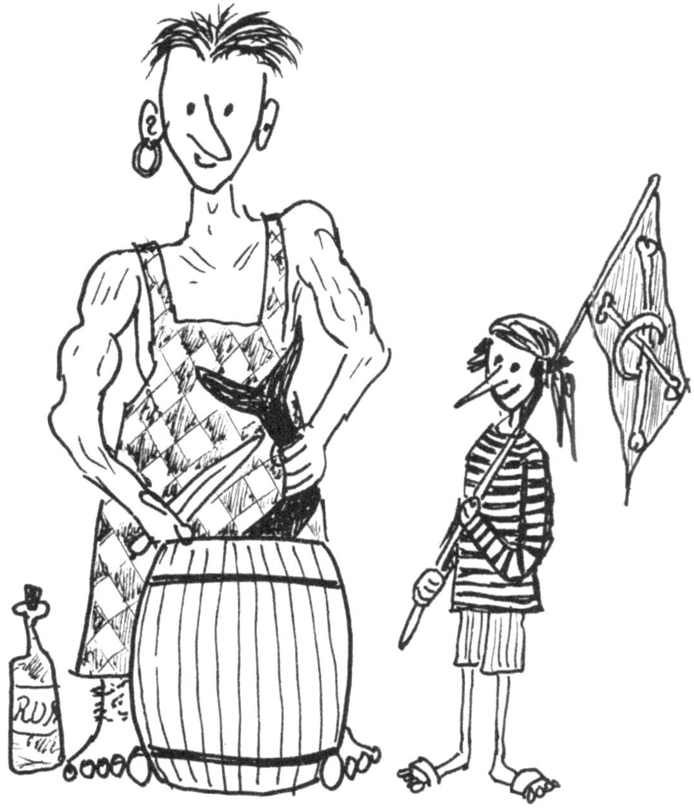

Zur Stammbesatzung gehören außerdem noch Lukas Leichtmatrose – flink und spritzig, wenn Schnelligkeit gefragt ist und natürlich Konrad – unser Koch. Ohne ihn läuft die CHAOS nicht aus, schließlich soll der Mannschaft ja nicht der Magen knurren.

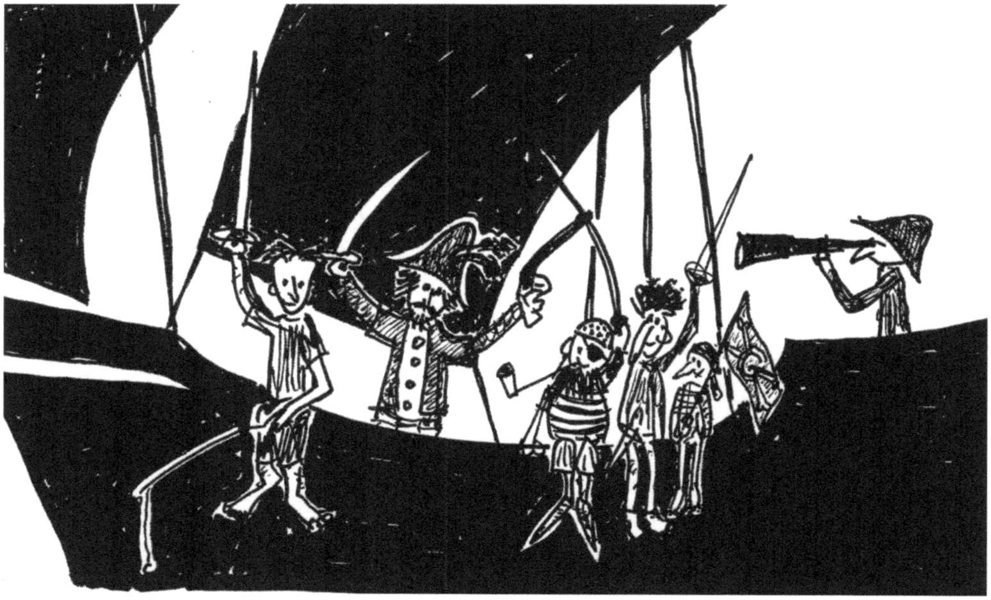

Und das ist die Chaos – unsere treue Begleiterin auf den Weltmeeren, sturmerprobt und kielsicher bei unerwartet hohem Wellengang und ein Zuhause für unsere Mannschaft. Sie ist einfach ein super Schiff (deswegen heißt sie auch so wie ich, ist doch klar).
Auf die Chaos und natürlich meine Mannschaft ist immer Verlass. Gut, manchmal bleiben die Jungs etwas zu lange im Gasthaus zum Klabautermann, spielen ein paar Runden Karten und trinken dabei das ein oder andere Tröpfchen. Aber – wenn es hart auf hart kommt, schlagen sie alle noch die furchterregendsten Piraten in die Flucht, olé!

Liebe Leute, ich sag dann mal:
Alle Mann auf Position – Segel setzen – Anker lichten – Leinen los (oder war es doch andersherum?) auf jeden Fall: Volle Fahrt voraus, Schatzinsel, hier kommt die Chaos-Crew!

… Auf ihrer Reise zur Schatzinsel werden der Kapitän und seine Crew einige interessante Bekanntschaften machen, zum Beispiel treffen sie auf die berüchtigten Piraten Capitaine Malfaiteur, Pablo Pirat und Pirata Pietro. Eigentlich sind die Piraten gar nicht so böse, vor allem macht es Spaß ihnen zuzuhören: Malfaiteur etwa spricht immer „mit so eine fronsösische Agsong", Pablo dagegen ist der „spanische Meisther" und Pietro – allora – Pietro liebte diese „italienische Lande unde Leute".
Oh, fast hätten wir unseren Bob Happy vergessen: Bob Happy ist so gaaanz entspannt, trägt die Haare in langen Rasta-Zöpfen und hört so groovige Gute-Laune Musik. Mit dieser Einstellung wird er es bestimmt noch weit bringen in der Welt.
Und weil sich die Crew auf den Weg zu einer Schatzinsel macht, treffen sie bestimmt auch auf sagenhafte Wesen mit magischen Zauberkräften …

1. Das Meer

Text nach einem Gedicht von Th. Fathschild

J. Adamietz

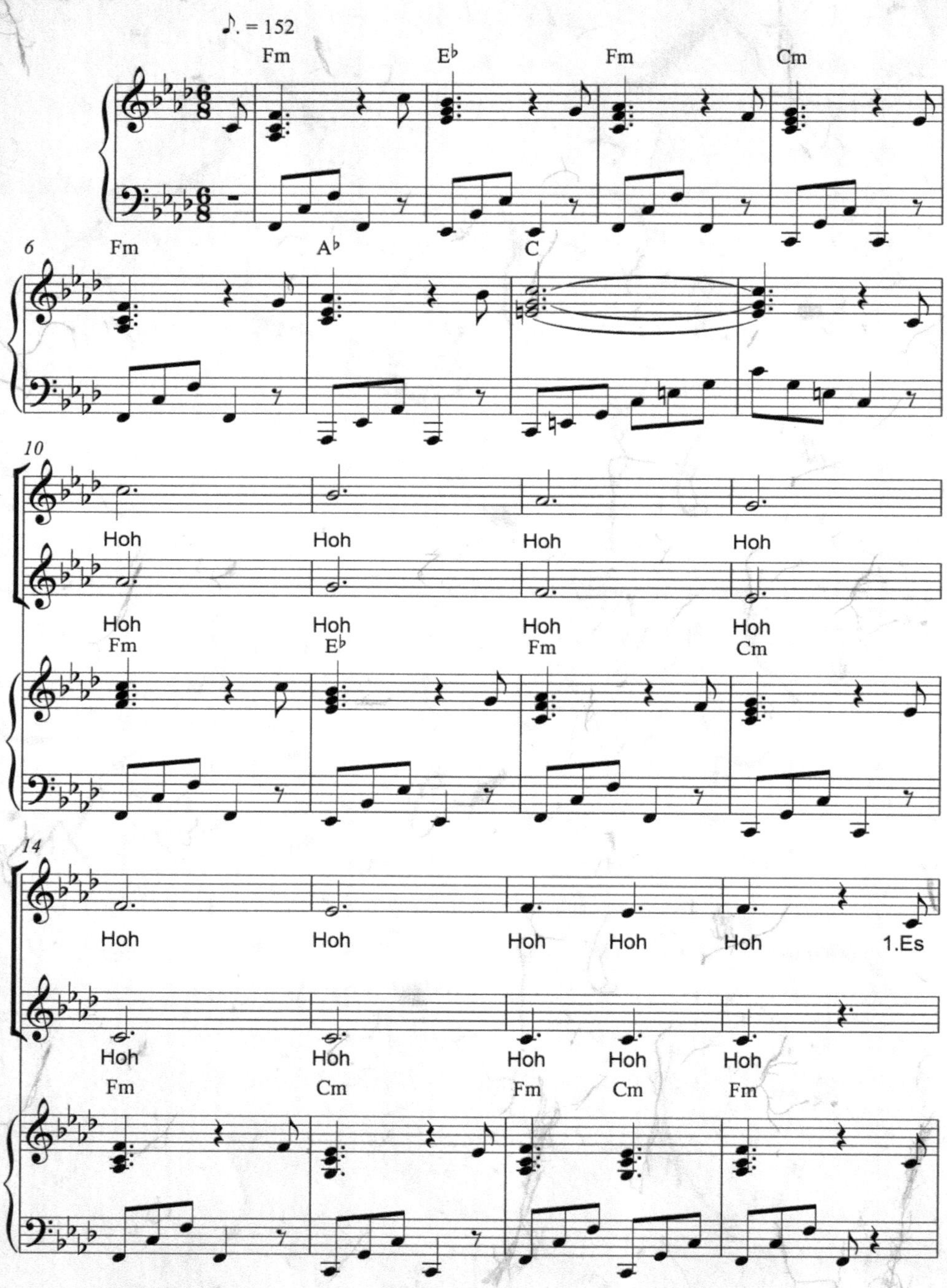

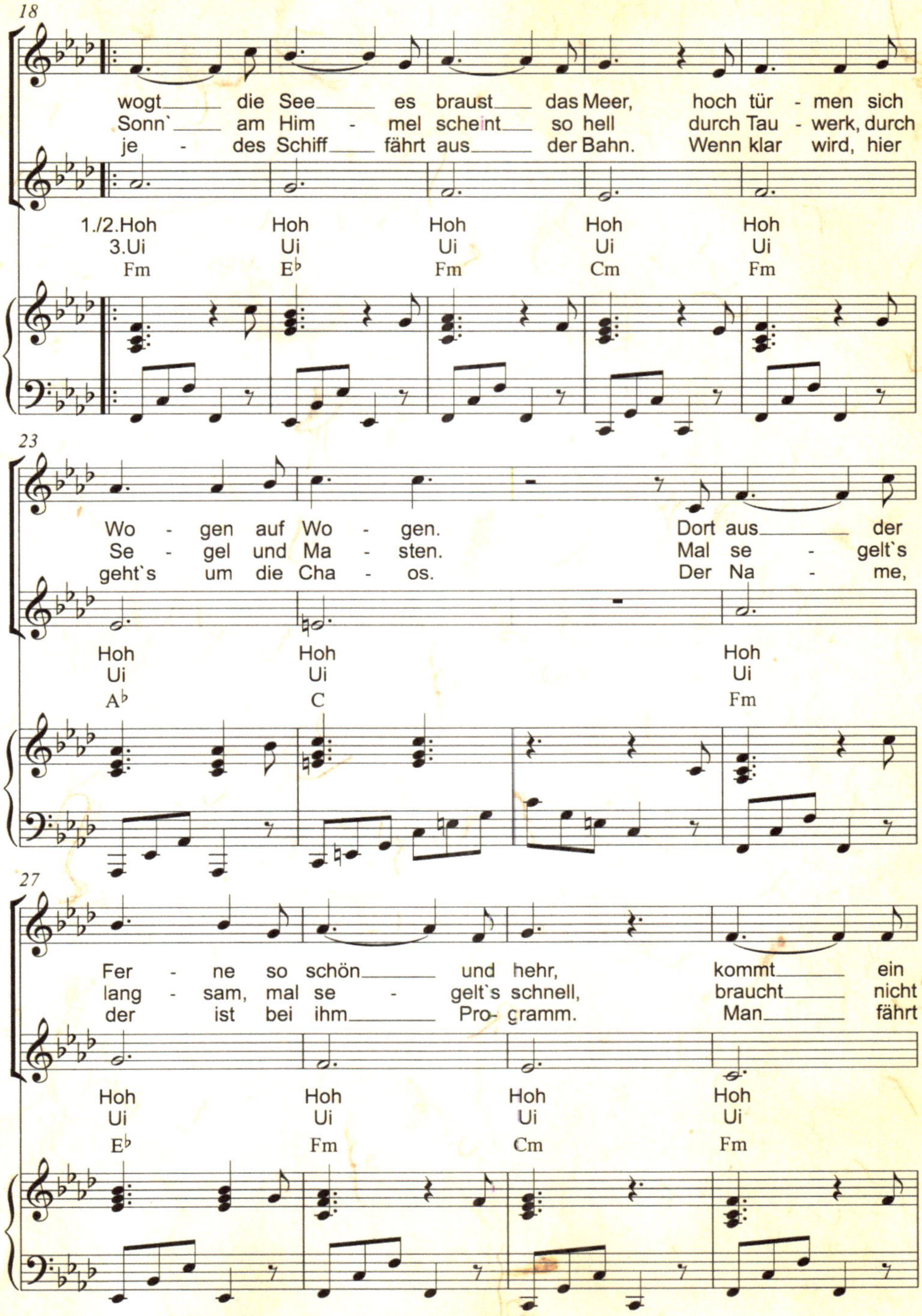
18
wogt die See es braust das Meer, hoch tür - men sich
Sonn` am Him - mel scheint so hell durch Tau - werk, durch
je - des Schiff fährt aus der Bahn. Wenn klar wird, hier
1./2.Hoh Hoh Hoh Hoh Hoh
3.Ui Ui Ui Ui Ui
Fm E♭ Fm Cm Fm
23
Wo - gen auf Wo - gen. Dort aus der
Se - gel und Ma - sten. Mal se - gelt`s
geht`s um die Cha - os. Der Na - me,
Hoh Hoh Hoh
Ui Ui Ui
A♭ C Fm
27
Fer - ne so schön und hehr, kommt ein
lang - sam, mal se - gelt`s schnell, braucht nicht
der ist bei ihm Pro- gramm. Man fährt
Hoh Hoh Hoh Hoh
Ui Ui Ui Ui
E♭ Fm Cm Fm

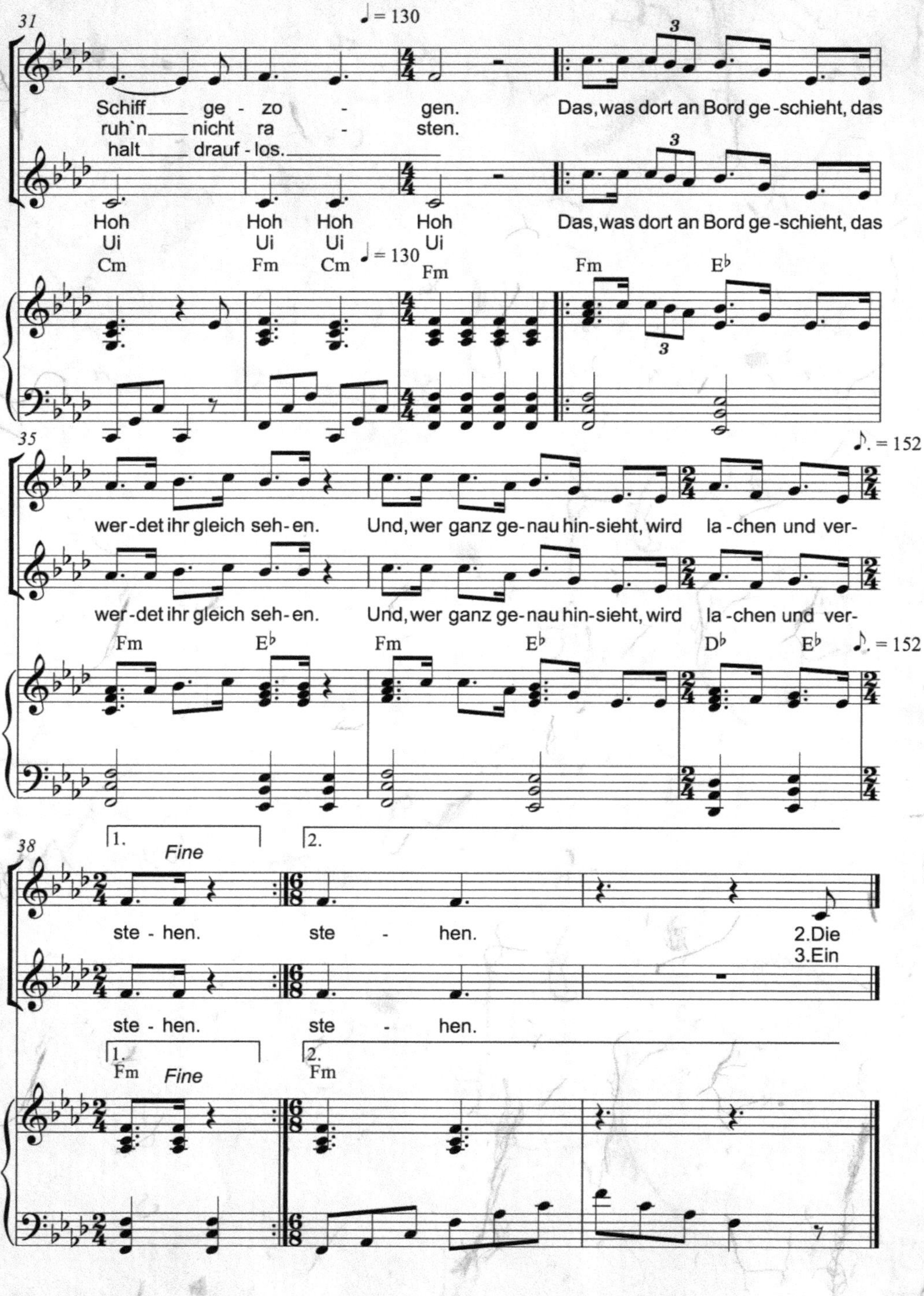
31
♩ = 130
Schiff___ ge - zo - gen.
ruh`n___ nicht ra - sten.
halt___ drauf - los.___
Das, was dort an Bord ge-schieht, das
Hoh Hoh Hoh Hoh
Ui Ui Ui Ui
Das, was dort an Bord ge-schieht, das
Cm Fm Cm Fm Fm E♭
35
♪. = 152
wer-det ihr gleich seh-en. Und, wer ganz ge-nau hin-sieht, wird la-chen und ver-
Fm E♭ Fm E♭ D♭ E♭
38
1. Fine
2.
ste - hen. ste - hen.
2.Die
3.Ein
Fm Fm

Szene 1

Am Pier

Szenenmaterial:

Hafenkulisse
Schiffselemente
verschiedene Zettel
Geldstücke

Anmerkungen:

1. Lied: Das Meer

Ein Hafen wird angedeutet. Man hört die Stimmen aus dem Hintergrund.

Käpt'n Chaos: Alles bereit machen zum Anlegen!

Charles: Alles bereit machen zum Anlegen!

1. Matrose: Alles bereit machen zum Anlegen!

2. Matrose: Ist klar!

Käpt'n Chaos: Wir legen an mit Steuerbord!

Charles: Wir legen an mit Steuerbord!

1. Matrose: Wir legen an mit Steuerbord!

2. Matrose: Ist klar!

Charles: Käpt'n, wolltest du nicht mit Backbord anlegen?

Käpt'n Chaos: Äh, stimmt! Wir legen doch mit Backbord an!

Charles	Äh, stimmt. Wir legen doch mit Backbord an!
1. Matrose	Äh, stimmt. Wir legen doch mit Backbord an!
2. Matrose	Ist klar!
Käpt'n Chaos	Klar zum Ankern!
Charles	Klar zum Ankern!
1. Matrose	Klar zum Ankern!
2. Matrose	Ist klar!
Käpt'n Chaos	Lass den Anker fallen!
Charles	Lass den Anker fallen!
1. Matrose	Lass den Anker fallen!
2. Matrose	Ist klar!
Käpt'n Chaos	Ach nein, stop! Warte lieber noch!
Charles	Ach nein, stop! Warte lieber noch!
1. Matrose	Ach nein, stop! Warte lieber noch!
2. Matrose	Ist klar!?!?
Käpt'n Chaos	So, jetzt kannst du den Anker fallen lassen!
Charles	So, jetzt kannst du den Anker fallen lassen!
1. Matrose	So, jetzt kannst du den Anker fallen lassen!
2. Matrose	Ist klar! *Man hört den Anker fallen.*
2. Matrose	Anker auf Grund.
1. Matrose	Anker auf Grund.
Charles	Anker auf Grund. *Kurze Pause.*
Käpt'n Chaos	Das ist ja wunderbar! Dann wollen wir mal die Leinen festmachen! *hüpft auf die Bühne und macht die Leine am Poller fest* Leine ist fest!
Charles	*erscheint am Bühnenrand der Reeling* William, du weißt aber schon, dass der Käpt'n normalerweise als Letzter von Bord geht?!
Käpt'n Chaos	Ach so, ja stimmt! Naja, kann ja mal passieren. Ich war halt so aufgeregt... So Jungs, macht alles fest und dann lasst euch von Charles eure Heuer ausbezahlen!

Die Matrosen 1-4 kommen nach und nach zu den beiden gehüpft. Charles zahlt aus. Der Käpt'n verteilt die Zettel für die Musterung. Die Matrosen zerknüllen die Zettel heimlich oder bauen Papierflieger daraus.

Charles *zählt und teilt nach und nach aus* Hier: acht, neun, zehn.

Käpt'n Chaos Und wenn ihr Lust habt, in zwei Tagen wird neu gemustert und dann geht's wieder los.

1. Matrose Danke, aber, ähm, öh meine Mutter hat Geburtstag. Da muss ich unbedingt da sein. *läuft weg*

Der Käpt'n und Charles schauen den wegrennenden Matrosen jeweils verwundert nach. Nach und nach versteht Charles, dass sie dem Chaos entfliehen wollen und schaut den Käpt'n vorwurfsvoll an.

2. Matrose Danke, aber, uh!... *kratzt sich am Kopf* Ah! Ich muss dringend meinen Hund rauslassen.

Käpt'n Chaos Nach zwei Monaten?

2. Matrose Oh! Äh, deswegen ist es ja so dringend! *läuft weg*

3. Matrose Danke, aber ich wollte mit meinem Mädchen in den Urlaub fahren.

Charles Bist du nicht Single?

3. Matrose Deswegen eilt es ja so! Tschüss!

4. Matrose *stöhnt und greift sich an den Rücken* Danke, aber ich habe Rücken - hab's ganz schlimm am Kreuz gekriegt. Ich brauche dringend Landluft. *rennt und hüpft davon*

Käpt'n Chaos Charles, findest du es nicht auch komisch, dass die alle etwas vorhaben?

Charles *ironisch* Man könnte fast meinen, dass die keine Lust mehr haben, mit dir zu fahren...

Käpt'n Chaos Das kann ich mir nicht vorstellen! Das war doch eine spitzenmäßige Tour!

Charles Spitzenmäßige Tour?!? Sir William Puzzlement! Du weißt aber schon, dass du deinem Spitznamen einfach immer wieder alle Ehre gemacht hast - Käpt'n Chaos?!

Käpt'n Chaos Ich? Ich habe noch nie richtig verstanden, warum man mein Schiff die CHAOS nennt und mich „Käpt'n Chaos". Das klingt zwar irgendwie gut, hat aber doch so einen komischen Beigeschmack.

Charles Hast du vergessen, was du auf der Fahrt wieder für Dinger gedreht hast?!

Käpt'n Chaos Dinger? Was war denn jetzt schon wieder? Es ist doch alles bestens gelaufen.

Charles	Nun ja, du erinnerst dich doch sicher noch daran, dass du zehn Fässer Zitronen als Proviant mitgenommen hast?!
Käpt'n Chaos	Ja klar, aber Zitronen sind doch gesund und sollen gegen Skorbut helfen. Und außerdem waren sie im Angebot.
Charles	Ja, das ist ja alles richtig, aber du vergisst, dass du stattdessen kein Fleisch und keinen Rum mitgenommen hast?! Du und deine Angebote!
Käpt'n Chaos	*schüttelt den Kopf* Seeleute und ihr Rum…
Charles	Und an die Geschichte, als du dreimal um die gleiche Insel gefahren bist, kannst du dich doch bestimmt auch noch erinnern! Was sollte das denn eigentlich? Hat die dir so gut gefallen?
Käpt'n Chaos	So gut gefallen hat die mir nicht. Die war eigentlich sogar ziemlich langweilig.
Charles	Ja, und warum bist du dann trotzdem ständig herumgefahren?
Käpt'n Chaos	Ich wollte es meiner Crew nur Recht machen. Ich hatte gefragt: Was wollt ihr denn jetzt am liebsten? Und da haben sie jedes mal geantwortet: Rum! Na gut, hab ich mir gedacht und bin halt noch mal *RUM*gefahren, und dann noch mal, und noch mal...
Charles	Und auf die Idee, dass sie eine Buddel Rum meinten, bist du nicht zufällig gekommen?!
Käpt'n Chaos	Ach so! Jetzt weiß ich auch, warum die trotzdem alle so motzig waren. Wie man's macht... Naja, jetzt weiß ich ja Bescheid. Beim nächsten Mal wird alles besser! Hängst du bitte noch die Zettel aus, wo draufsteht, dass wir in zwei Tagen die neue Crew mustern?! Ich schließe die Kajüte ab.
Charles	Ay Skipper. Bis nachher.

Szene 2
Die Musterung

Szenenmaterial:

Schiffselemente
Tisch
Stuhl
Mappe mit Unterlagen
Kochlöffel
Fernrohr
Schiffsladung mit Proviant und Ausrüstung

Anmerkungen:

Man sieht wieder die Hafenkulisse. Charles steht auf der Bühne und hat Unterlagen in der Hand. Die vier Matrosen sitzen am Bühnenrand. Am Bühnenrand stehen einige Kisten etc.. Käpt'n Chaos will gerade gehen.

Charles — Hey Käpt'n. Die Jungs, die bei uns anheuern wollen, sind da. Kommst du zur Musterung?

Käpt'n Chaos — Ach, weißt du, das ist doch mehr deine Sache. Der Erste Offizier war schon immer so eine Art Personalchef. Ich muss noch ein paar wichtige Leute treffen - Finanzen, Geschäfte und so. Mach du das mal ruhig. Wir treffen uns dann nachher im Klabautermann.

Charles — Okay, mache ich. Dann lass du dich aber mal nicht über's Ohr hauen! Bis später. *spricht zu den Matrosen wie ein Showmaster* Jungs, ich darf euch herzlich bei DCSC - die Chaos sucht die Supercrew - begrüßen. Ich schlage vor, ihr erzählt mir mal, warum wir gerade euch dringend an Bord brauchen. Wer fängt an? *Konrad meldet sich.* Dann lass mal hören.

Konrad singt die 1. Strophe (2. Lied: Wir wollen mit auf Seefahrt gehen). Der Chor kann beim Refrain mimisch auf den jeweiligen Kandidaten reagieren.

Charles	Kannst du auch Nudeln mit Tomatensoße kochen?
Konrad	Das ist eine Spezialität von mir.
Charles	Na, das hört sich doch lecker an. Ich würde sagen, du bist dabei. *Konrad freut sich und geht auf die Seite von Charles.* Der Nächste bitte! *Lukas meldet sich.* Wir sind ganz Ohr.

Lukas singt die 2. Strophe (2. Lied: Wir wollen mit auf Seefahrt gehen)

Charles	Und dir macht es auch nichts aus, bei schwerer See den Ausguck zu besetzen?
Lukas	So lange der Mast noch nicht die Wellen berührt, kannst du mich da rauf schicken!
Charles	Wunderbar. Du bist dabei. *Lukas freut sich und geht auf die Seite von Charles.*
Max	Soll ich jetzt?
Charles	Gerne.

Max singt die 3. Strophe (2. Lied: Wir wollen mit auf Seefahrt gehen)

Charles	Okay, du bist also ein richtiger Seebär! Bist du auch schon ums Kap Horn gesegelt?
Max	Neptun denkt bestimmt schon, dass ich da wohne, so oft bin ich ums Kap gefahren.
Charles	Solche Leute brauchen wir! *Max freut sich und geht auf die Seite von Charles.* Dann lass du noch hören, was deine Qualifikationen sind.

Moritz singt die 4. Strophe (2. Lied: Wir wollen mit auf Seefahrt gehen)

Charles	Lalala? Was kannst du denn jetzt? *Moritz zuckt mit den Schultern.* Kannst du vielleicht mit Kompass und Sextant umgehen?
Moritz	*zuckt peinlich berührt mit den Schultern* Äh...
Charles	Kannst du die Segel gut setzen?
Moritz	*kratzt sich am Kopf* Öh...
Charles	Kannst du vielleicht das Deck schrubben oder Gemüse schälen?
Moritz	*ist jetzt sehr verlegen* Puh...
Charles	Jetzt mach mich aber nicht schwach! Kannst du denn irgendwas? Vielleicht singen?
Moritz	*freut sich* Singen kann ich!

Charles Okay, solche Leute braucht man ja auch manchmal. Wir nehmen dich mit. Vielleicht lernst du dann auch noch was Ordentliches.
Damit wären wir komplett. Ihr könnt euch alle schon mal nützlich machen. Bringt den ganzen Krempel an Bord und verstaut ihn unter Deck. Fangt Backbord an und wechselt dann mit Steuerbord ab. Immer schön gleichmäßig verteilen, sonst haben wir Schlagseite. Danach könnt ihr eure Kajüten beziehen.

Die Seemänner tragen den Proviant und die Ausrüstung an Bord.

Moritz *zu Konrad* Ähm, wo ist denn eigentlich dieses Backbord?

Konrad Warte, ich zeige dir gleich die Kombüse. Das ist die Küche. Die ist da hinten links. Und dann kannst du dir schon mal merken: Da links, wo der Herd steht, da ist Back-bord.

Moritz Ah, daher kommt dieses „Back-bord“!

2. Wir wollen mit auf Seefahrt gehen

traditionell/J. Adamietz

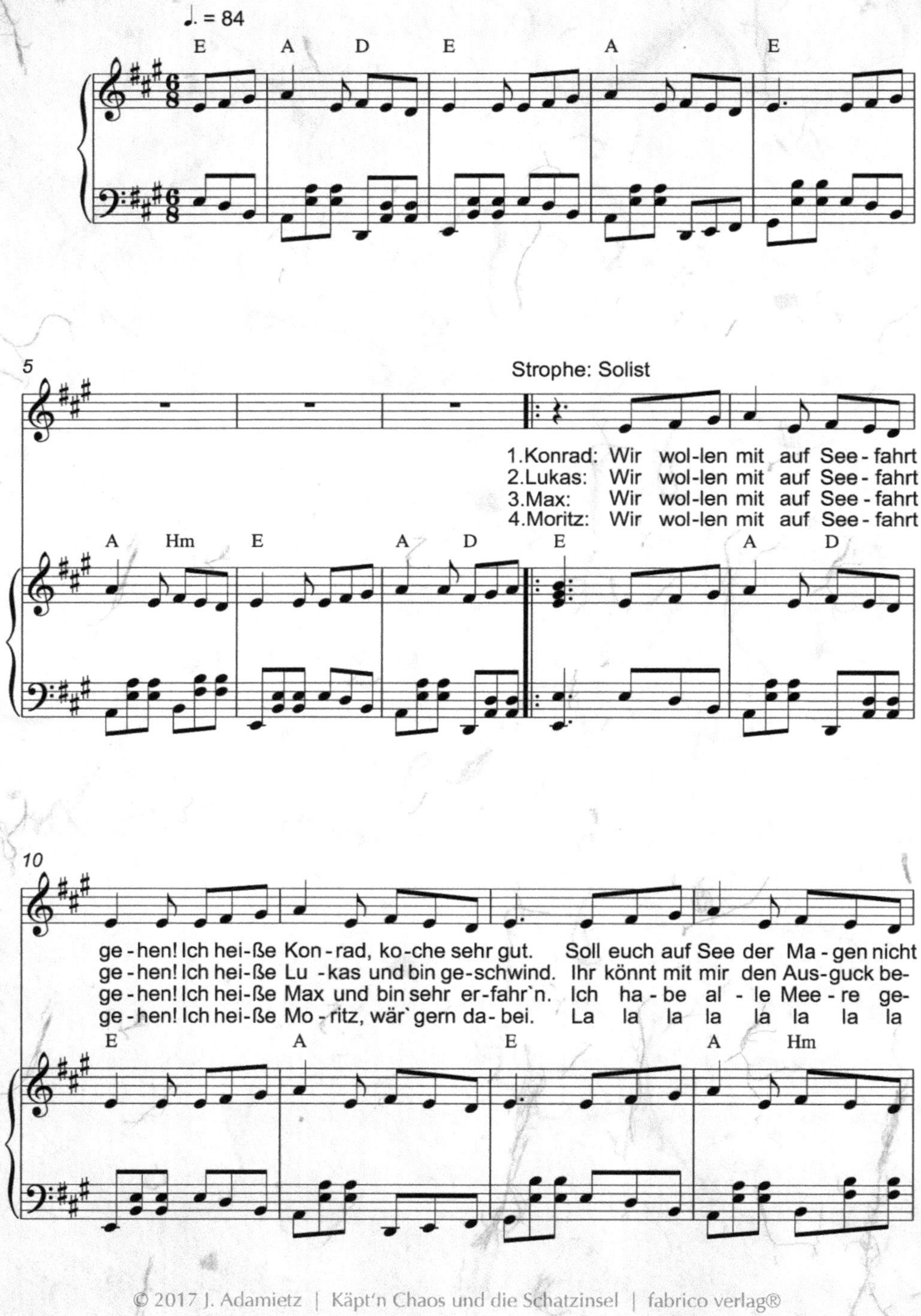

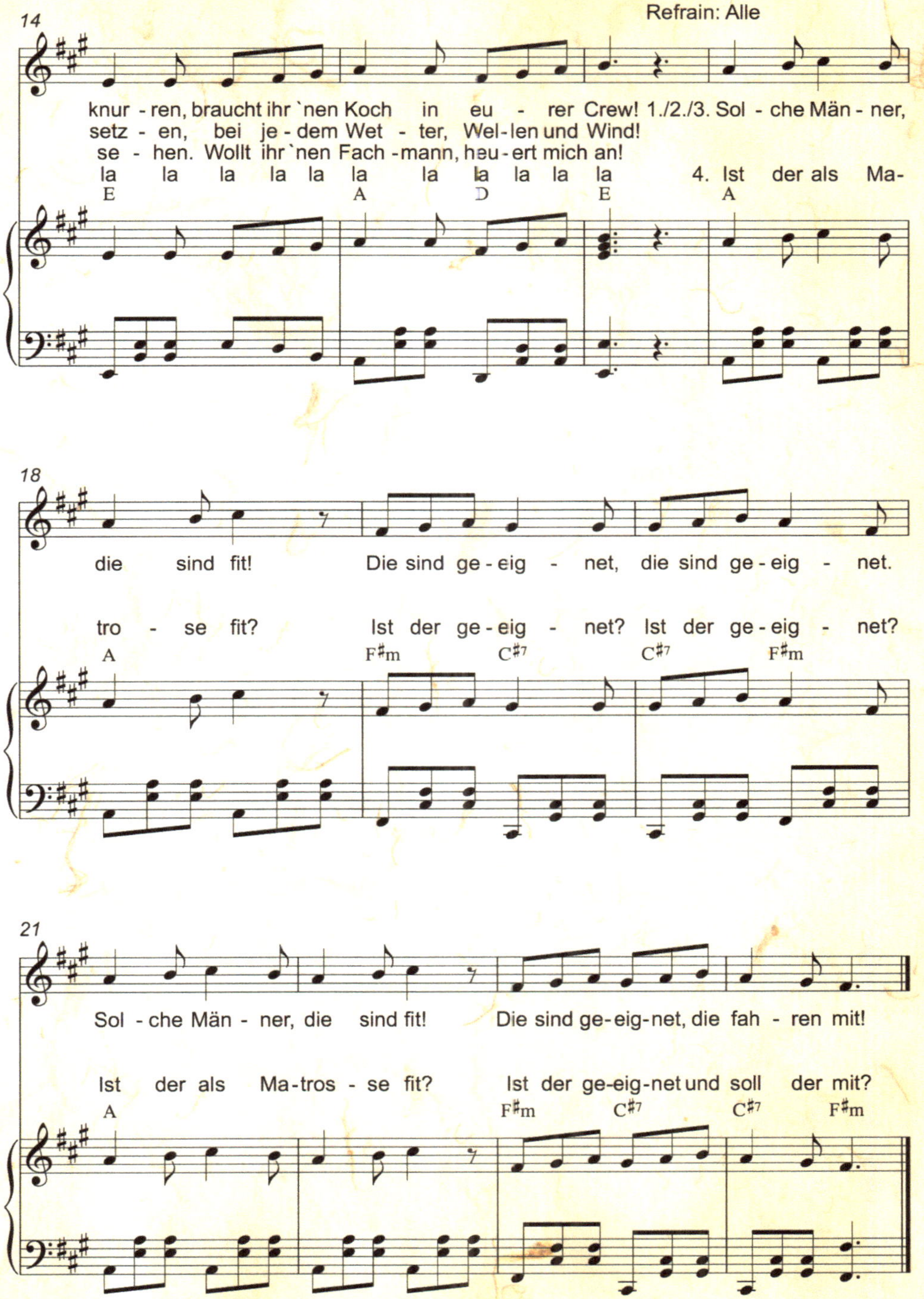
Refrain: Alle
14
knur - ren, braucht ihr `nen Koch in eu - rer Crew! 1./2./3. Sol - che Män - ner,
setz - en, bei je - dem Wet - ter, Wel - len und Wind!
se - hen. Wollt ihr `nen Fach - mann, heu - ert mich an!
la la la la la la la la la la la 4. Ist der als Ma-
E A D E A
18
die sind fit! Die sind ge - eig - net, die sind ge - eig - net.
tro - se fit? Ist der ge - eig - net? Ist der ge - eig - net?
A F♯m C♯7 C♯7 F♯m
21
Sol - che Män - ner, die sind fit! Die sind ge - eig - net, die fah - ren mit!
Ist der als Ma - tros - se fit? Ist der ge - eig - net und soll der mit?
A F♯m C♯7 C♯7 F♯m

3. Im Klabautermann

♩. = 66

J. Adamietz

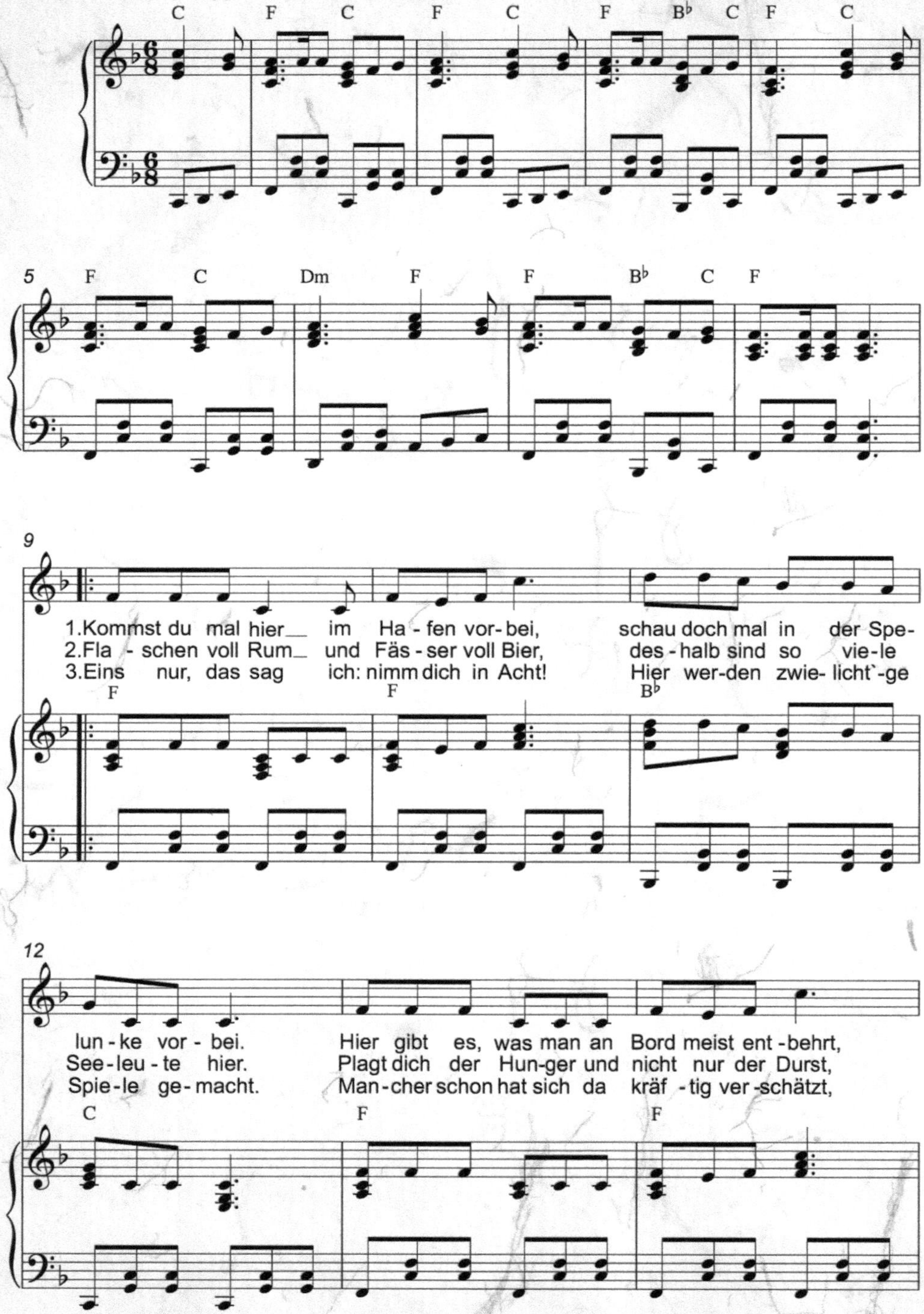

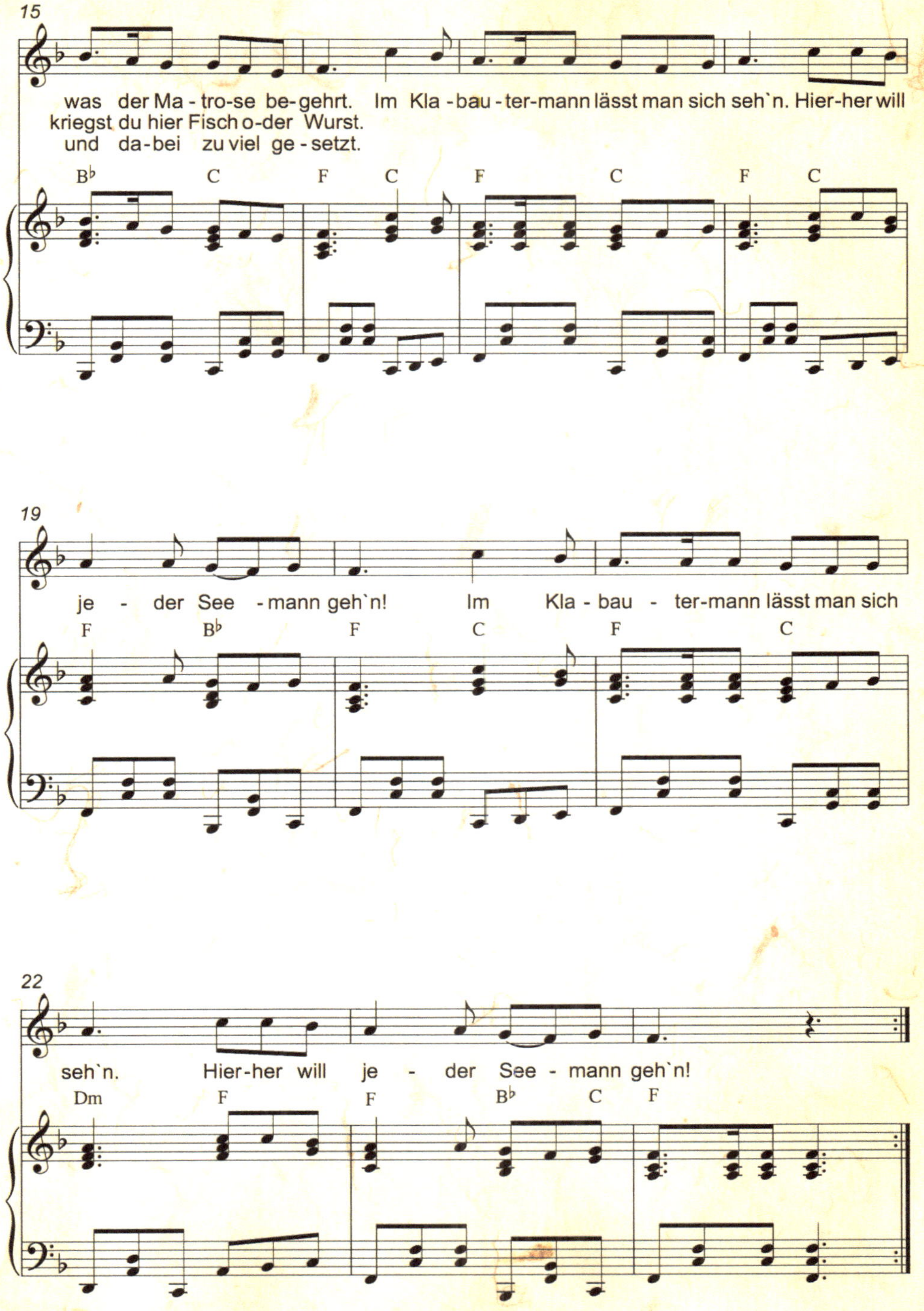
15
was der Ma - tro-se be-gehrt. Im Kla - bau - ter-mann lässt man sich seh`n. Hier-her will
kriegst du hier Fisch o-der Wurst.
und da-bei zu viel ge - setzt.
B♭ C F C F C F C
19
je - der See - mann geh`n! Im Kla - bau - ter-mann lässt man sich
F B♭ F C F C
22
seh`n. Hier-her will je - der See - mann geh`n!
Dm F F B♭ C F

Szene 3

Im Klabautermann

Szenenmaterial:

Kulisse einer Seemannskneipe
Tisch
vier Stühle
evtl. ein Fass
Kerze
Kartenspiel
vier Trinkbecher
Tablett und Gläser
Geldmünzen
Schatzkarte
drei Degen
Sonnenbrillen

Anmerkungen:

3. Lied: Im Klabautermann

Man sieht den Innenraum einer Seemannskneipe, angedeutet durch Stühle, die rund um einen Tisch oder ein großes Fass, das als Tisch dient, stehen. Auf dem Tisch steht eine Kerze. Käpt'n Chaos und zwei andere Spieler sitzen um den Tisch und spielen Poker. Charles sitzt am Nachbartisch, nah an Käpt'n Chaos.

Charles — *tippt Käpt'n Chaos schon etwas angetrunken auf die Schulter* Du, William, können wir nicht langsam nach Hause gehen? Ich glaube, ich sollte mich hinlegen, die Kneipe hat aufgehört zu schaukeln.

Käpt'n Chaos — *flüsternd* Warte noch. Es läuft gerade ziemlich gut.

Charles — Und warum muss ich die ganze Zeit dein Glas austrinken? Du bist doch sonst nicht so spendabel. Noch ein Glas und ich falle vom Stuhl.

Käpt'n Chaos — Psst! Nicht so laut! Wenn du mit den Profizockern hier spielst, hast du nur eine Chance, wenn du einigermaßen nüchtern bleibst. Die machen doch nichts anderes den lieben langen Tag. Außerdem denken die zwei immer noch, sie könnten mich einfach über den Tisch ziehen.

Spieler 1 — *schaut verschlagen zum Spieler 2* Wirt! Bring uns noch vier Gläser Rum. Ich hab Durst.

Charles — Oh nein!

Der Wirt bringt auf einem Tablett drei Gläser und bedient ziemlich ruppig.

Wirt — Wohl bekomms!

Spieler 1 — Auf das Pokerspiel!

Käpt'n Chaos und Spieler 2 — Auf das Pokalspiel!

Käpt'n Chaos nippt am Glas und gießt den Inhalt heimlich weiter in Charles' Glas. Es werden neue Karten gegeben und von den Spielern angesehen.

Spieler 1 — Ach Mist! Ich bin draußen.

Im Hintergrund trinkt Charles das Glas aus, wankt und fällt vom Stuhl.

Charles — Ich glaube, ich bin auch draußen. *rappelt sich langsam wieder auf*

Spieler 2 — Umso besser. Ich setze zehn.

Käpt'n Chaos — Ich setze alles auf eine Karte: All in!

Spieler 1 — All in?! Das ist ja allerhand! Ich habe gar nicht mehr genug Geld, um mitzuziehen.

Käpt'n Chaos — Tja, dann hast du wohl verloren.

Spieler 2 — Knallt seinen Degen auf den Tisch. *Käpt'n Chaos weicht zurück* Moment Freundchen, so leicht kommst du hier nicht raus. Ich habe noch eine Sache, die ich setzen kann: Eine Schatzkarte.

Spieler 1 — *nervös flüsternd* Mann, setz' nicht deine Karte! Vielleicht ist doch wirklich was dran, an dem großen Schatz vom einäugigen Käpt'n Black.

Spieler 2 — *zu Spieler 1* Ach, lass mich. Der Anfänger blufft doch eh. Der Rum hat ihm die Sinne vernebelt. Jetzt fühlt er sich stark und geht volles Risiko.

Käpt'n Chaos — Eine Schatzkarte? Willst du mich auf den Arm nehmen? Die hast du doch eben selber gemalt.

Charles — *kindisch, betrunken* Oh ja! Ich will auch eine Schatzkarte malen!

Spieler 2	Bei meinem Seemannsehrenwort: Die Karte zeigt den Weg zu einem großen Piratenschatz. Der finstere Käpt'n Black selbst hat sie mir gegeben, bevor ihn einige dunkle Typen hier vor dem Klabautermann um die Ecke gebracht haben. Er wollte nicht, dass sie denen in die Hände fällt. Sobald ich genügend Geld zusammen habe, rüste ich mir ein Schiff aus und fahre los.
Charles	Lass bloß die Finger davon! Ich male dir auch so ein Ding.
Käpt'n Chaos	Hm, ob das so eine gute Idee ist? Na gut. Setz die Karte zu deinem Geld und dann lass mal sehen, was du auf der Hand hast!
Charles	Oh nein, jetzt verspielt er das ganze Geld, das wir für die Reparaturen der CHAOS brauchen. Wir haben doch eh schon zu wenig Geld!
Spieler 2	*zu Spieler 1* So, nun wird die Witzfigur ihr blaues Wunder erleben. *triumphierend* Hier: Drei Könige und zwei Damen. Full House. Und jetzt her mit dem Geld!
Käpt'n Chaos	Moment! Herz Zehn, Herz Bube, Herz Dame, Herz König und... Herz Ass. Royal Flush! Hurra, ich hab' gewonnen! *springt auf und rafft das Geld und die Karte zusammen*
Charles	Käpt'n, ich bin beeindruckt!
Spieler 1	Oh nein, die Karte!
	Beide Spieler springen auf und ziehen ihre Degen.
Spieler 2	Leg' das Zeug wieder hin!
Charles	*stellt seinen Stuhl in den Weg und schleicht heraus* Lalala, ich geh' dann schon mal…
Käpt'n Chaos	*zieht ebenfalls seinen Degen* Nichts da! Du hast verloren. Akzeptiere das! Du bist ein wirklich schlechter Verlierer! *zu Charles* Schnell raus hier!
Spieler 2	Bleib' hier! Die Karte gehört uns!
	Der Käpt'n und Charles rennen raus. Die zwei Spieler regen sich auf und laufen hinterher. Spieler 2 stürzt über den Stuhl und Spieler 1 fällt (fast) darüber.

Szene 4

Der Aufbruch

Szenenmaterial:

Hafenkulisse
Schiffselemente
diverse Proviantkisten
Schatzkarte
Geldbeutel mit Geld
Händlerausstattung

Anmerkungen:

Käpt'n Chaos setzt sich zu Charles auf den Bühnenrand und schaut sich um. Die Seemänner tragen im Hintergrund Kisten etc. vorbei. Das Schiff ist rechts angedeutet.

Käpt'n Chaos — Nichts zu sehen von den Kartenspielern?

Charles — Zum Glück nicht. Wir sollten dann aber vorsichtshalber möglichst schnell aufbrechen. Hast du alles erledigt?

Käpt'n Chaos — Klar!

Der Händler nähert sich mit seinen Unterlagen und zeigt diese dem Käpt'n. Charles reagiert bisweilen kritisch und erstaunt. Der Händler spricht wie in der Werbung.

Händler — So, Herr Puzzlement, Käpt'n Chaos, dann hätten wir alles geliefert: Wasser, Brot, Rum, Gemüse, diverse Dinge für die Schiffsausrüstung und so weiter und so weiter. Ach so, die Lederbeutel im Super-Spezial-Spar-Angebot dürfen wir natürlich nicht vergessen. Macht genau 110 pazifische Francs. Haben Sie eigentlich eine Kundenkarte von uns?

Charles — Kundenkarte? So oft sind wir ja auch wieder nicht hier im Hafen.

Händler Nanana, sagen Sie das mal nicht. Schließlich weiß man nie, wohin es einen verschlägt. Und bei den günstigen Angeboten! Sie bekommen auf jeden dritten Einkauf unglaubliche 1,5% Rabatt. Und Sie sammeln jede Menge Bonuspunkte! Für diesen Einkauf hätten Sie z.B. unfassbare 5832 Bonuspunkte erhalten!

Käpt'n Chaos Okay, okay, lassen Sie einfach mal die Unterlagen da.

Händler Gerne! Und beehren Sie uns bald wieder!

Sie geben sich die Hände. Der Händler geht ab.

Charles *deutet auf den Proviant* Ähm William, wie hast du eigentlich den ganzen Krempel finanziert? So voll dürfte unsere Kasse nach dem Pokerspiel auch wieder nicht gewesen sein. Ich hoffe, du hast unsere Rücklagen für die Reparaturen im Herbst nicht verpulvert!

Käpt'n Chaos *mit Kennermiene* Ich habe da ein paar Veränderungen in unserem Portfolio vorgenommen. Verschiedene Dinge werden mittlerweile ganz anders gerated. Wenn du manches dann noch ein wenig upgradest und dann noch den ein oder anderen Leerverkauf tätigst, dann ist der Cashflow wieder gesichert. Wichtig ist nur, dass du die richtigen Leute kennst. Die Gebrüder Lehmann z.B., nette Einwanderer aus Deutschland, die haben hier gerade eine tolle neue Bankfiliale aufgebaut und ein paar unglaublich innovative Produkte auf den Markt gebracht. Hier auf den Inseln geht da sowieso einiges.

Charles Okay, solange du den Überblick bei deinen Finanztransaktionen behältst…

Die Seemänner tragen eine Kiste mit der Aufschrift „Lederbeutel" vorbei.

Käpt'n Chaos Keine Rede!

Charles Wozu brauchen wir eine ganz Kiste mit Lederbeuteln?

Käpt'n Chaos Och, das weiß ich auch noch nicht. Die waren gerade sehr günstig im Angebot und auf die ganze Kiste gab's zusätzlich noch Rabatt.

Charles *schüttelt den Kopf* Schon wieder diese Angebote! Wo geht denn überhaupt die Reise hin? Hast du dir über den Weg schon einmal Gedanken gemacht?

Käpt'n Chaos Ah, stimmt, wir brauchen ja noch ein Ziel! Lass uns mal die Karte näher anschauen. *Schaut sich noch einmal um und holt die Karte heraus. Sie studieren diese.*

Charles Meinst du, man kann der Karte trauen?

Käpt'n Chaos Tja, das ist die Frage. Aber ich schätze, die Pokerspieler hätten nicht so einen Stress gemacht, wenn da nichts dran wäre. *deutet auf die Karte* Also das scheint mir hier die Felsenküste zu sein.

Charles Ja genau. Hier unten steht nämlich „Rupi-Inseln". Das würde passen.

Käpt'n Chaos Und genau dort beginnt auch die Linie, die wohl den Weg zum Schatz markieren soll.

Charles *aufgeregt* Boah! Ist das aufregend! Da steht „Hüte Dich vor den Sirenen!" Was soll das denn heißen?

Käpt'n Chaos Sirenen gibt es doch nur in antiken Abenteuergeschichten. Entweder ist das Seemannsgarn oder die wollen uns einfach nur Angst machen.

Charles Vielleicht soll man auch nur ein bisschen auf Polizei und Feuerwehr achten. Die haben ja oft ein Mordstempo drauf. Tatütata.

Käpt'n Chaos Quatsch! *zeigt ihm den Vogel*

Konrad nähert sich.

Konrad Käpt'n, der Proviant ist fast vollständig verstaut. Von uns aus kann's losgehen.

Käpt'n Chaos Super. Wir brechen dann gleich auf. Nicht dass diese Spieler hier nochmal vorbei kommen.

Der Käpt'n und Charles schauen sich kurz um. Konrad geht ab. Die beiden widmen sich wieder der Karte.

Charles Schau mal, die Linie geht bei den Inseln los und verläuft dann schnurgerade vorbei an der Goldküste.

Käpt'n Chaos *zeichnet die Linie mit Kurve in die Luft* Dann macht sie dort diese merkwürdige Riesenkurve und geht danach wieder schnurgerade weiter.

Charles Hm, das ist schon komisch. Schließlich gilt es noch die Klippen mit dem netten Namen „Todesriff" zu umschiffen. Doch dann sind wir eigentlich schon auf der Schatzinsel.

Käpt'n Chaos Zum Schluss müssen wir am Strand nur noch nach dieser Höhle suchen.

Charles Hach! Wenn das klappen würde! Einmal im Leben einen Schatz finden…

Beide schauen kurz in Gedanken versunken in die Luft und malen sich aus, wie es wäre, reich zu sein. Sie stehen auf, um die Abfahrt vorzubereiten.

Charles Aber was mich stutzig macht, ist immer noch diese merkwürdige Kurve auf der Route. Das sind doch locker 40 Seemeilen Umweg. Überall geht die Route wie mit dem Lineal gezogen geradeaus, nur dort ist dieser Schlenker. Ob an dieser Stelle etwas besonders Gefährliches lauert, dem man am besten nicht zu nahe kommt?

Käpt'n Chaos	Ich verstehe das auch nicht. Da kann nur etwas sehr Gefährliches lauern, sonst hätte Käpt'n Black hier keine 40 Seemeilen Umweg eingezeichnet. Das Risiko, dort einfach durchzufahren, ist zu hoch. Vielleicht gibt es in diesem Gebiet Untiefen oder Seeungeheuer oder sonst was. Wir sollten Old Oracle befragen. Wir müssen sowieso an New Delphi vorbei.
Charles	Old Oracle? Den Suffkopp!?! Der hat doch nur Rum im Kopf! Und ausgerechnet er soll uns den richtigen Kurs wahrsagen?
Käpt'n Chaos	Die Seefahrer sagen, er hätte noch nie etwas Falsches prophezeit. Wir werden das mal ausprobieren. Schaden kann das nicht. Die Jungs sind fertig. Lasst uns den Anker lichten, die Leinen lösen und dann ordenlich Segel setzen! Der Wind ist günstig. Auf geht's!
Charles	Alles auf Position! Kleines Segel setzen!
alle Seemänner	Ay!
	Die Seemänner laufen eilig auf Position, machen auf Befehl die Leinen los und wickeln sie auf.
Charles	Anker lichten!
Max	Anker lichten!
Lukas	Ist klar! Anker oben.
Charles	Leinen los!
Konrad	Leinen los!
Moritz	*freut sich* Ist klar!
Käpt'n Chaos	Setzt die Segel! New Delphi, wir kommen!
alle Seemänner	Ay!

Szene 5

Bei Old Oracle

Szenenmaterial:

Kulisse eines dunklen Zimmers
Sessel
Tisch mit leeren Flaschen und Krügen
zwei Stühle
eine weitere volle Flasche Rum
Schatzkarte
Kapitänslineal

Anmerkungen:

Es wird ein dunkles Zimmer mit einem Sessel, einem Tisch und zwei Stühlen angedeutet. Old Oracle sitzt dösend auf dem Sessel. Auf dem Tisch stehen leere Flaschen und Krüge. Käpt'n Chaos und Charles stehen vor der Bühne und beratschlagen sich. Dann treten sie in das Zimmer ein.

Charles — Und du willst wirklich da reingehen und dir das Gebrabbel eines alten, vertrottelten Freaks anhören?

Käpt'n Chaos — Jetzt, wo wir hier sind, sollten wir es auf jeden Fall probieren. Ob wir danach schlauer sind, werden wir sehen. Seine Sprüche sollen zwar etwas verwirrend sein, aber man sagt, er habe bislang immer Recht behalten. Hast du genug Rum mitgenommen?

Charles — *zeigt auf zwei Flaschen* Das sollte wohl genügen!

Sie gehen hinein.

4. Lied: Oh, Oh, Old Oracle

4. Oh, oh, Old Oracle

J. Adamietz

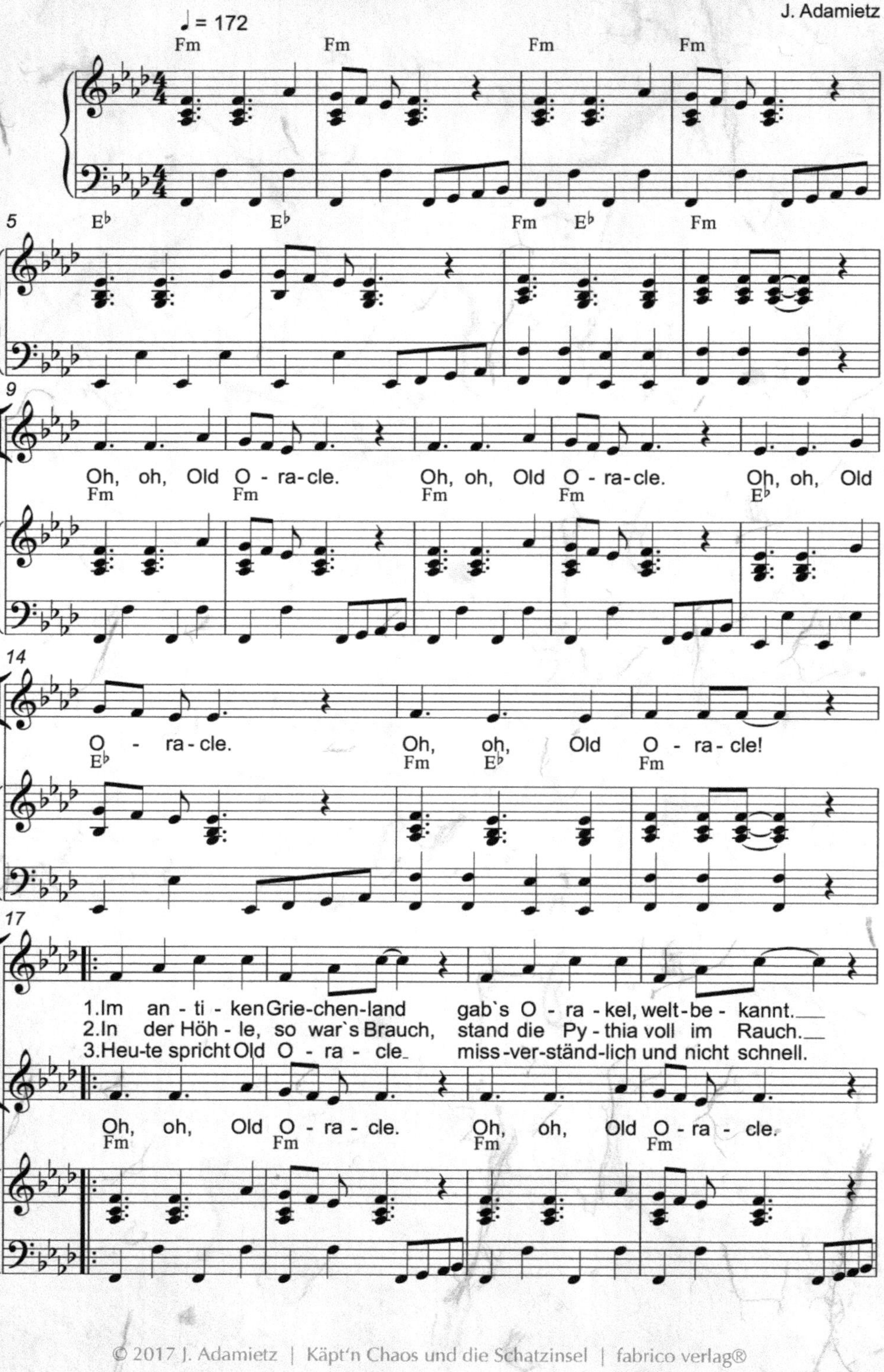

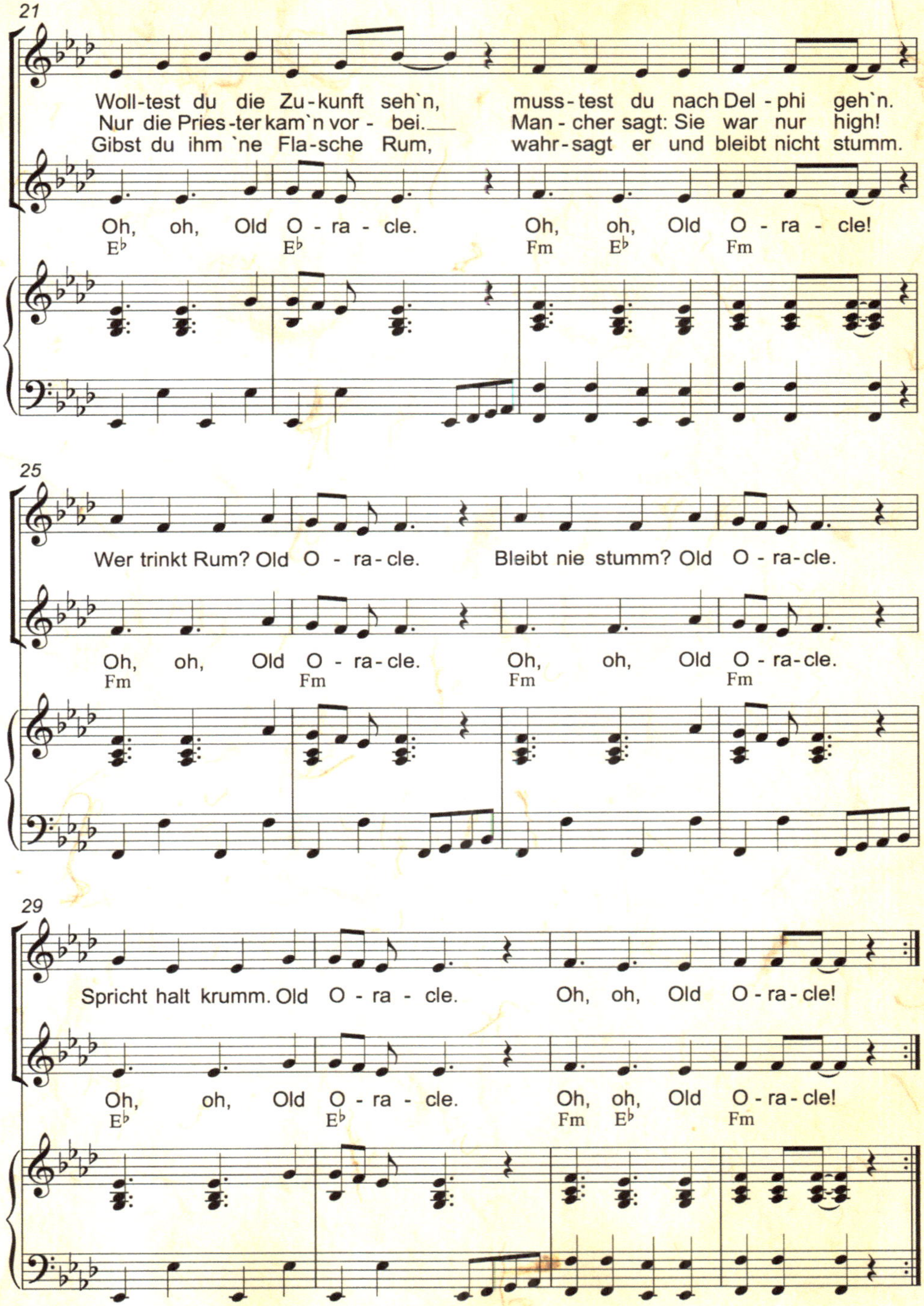
21
Woll-test du die Zu-kunft seh`n, muss-test du nach Del-phi geh`n.
Nur die Pries-ter kam`n vor - bei. Man - cher sagt: Sie war nur high!
Gibst du ihm `ne Fla-sche Rum, wahr-sagt er und bleibt nicht stumm.
Oh, oh, Old O - ra - cle. Oh, oh, Old O - ra - cle!
E♭ E♭ Fm E♭ Fm
25
Wer trinkt Rum? Old O - ra-cle. Bleibt nie stumm? Old O - ra-cle.
Oh, oh, Old O - ra-cle. Oh, oh, Old O - ra-cle.
Fm Fm Fm Fm
29
Spricht halt krumm. Old O - ra - cle. Oh, oh, Old O - ra-cle!
Oh, oh, Old O - ra - cle. Oh, oh, Old O - ra-cle!
E♭ E♭ Fm E♭ Fm

Käpt'n Chaos klopft. Old Oracle wird wach. Die beiden gehen zu ihm.

Käpt'n Chaos Dürfen wir eintreten?

Old Oracle *döst weiter und murmelt* Eintreten....

Charles Wir haben eine Frage an den altehrwürdigen Old Oracle.

Old Oracle *wird wach* Kommt nur he*Rum*!

Käpt'n Chaos Wir freuen uns außerordentlich, dass wir…

Old Oracle *unterbricht ihn und deutet auf seinen Becher* Lasst nur das *Rum*geplänkel! Steht nicht *Rum* und setzt euch zu mir!

Käpt'n Chaos und Charles setzen sich und stellen den mitgebrachten Rum auf den Tisch.

Käpt'n Chaos Wir haben da eine kleine Aufmerksamkeit…

Old Oracle *singt vor sich hin und schwenkt seinen Becher* Summ, summ, summ, Bienchen summ he*Rum*!

Käpt'n Chaos blickt zu Charles. Dieser schenkt ein. Old Oracle trinkt.

Käpt'n Chaos *zeigt ihm die Karte* Uns ist diese Karte, ähm..., in die Hände gefallen. Auf ihr ist ein Seeweg eingezeichnet, der an dieser Stelle eine überaus merkwürdige Kurve beschreibt.

Old Oracle Wa*Rum* fahrt ihr nicht einfach der Linie hinterher?

Charles Das ist ein *Rum*weg, äh, Umweg von 40 Seemeilen. Das kostet uns mindestens einen Tag!

Old Oracle wackelt mit seinem Becher auf dem Tisch. Charles schenkt nach. Old Oracle trinkt. Seine Sprache klingt mit der Zeit immer angetrunkener.

Old Oracle Hm, ihr wollt also nicht drum*Rum*…

Old Oracle wackelt mit seinem Becher auf dem Tisch. Charles schenkt nach. Old Oracle trinkt.

Käpt'n Chaos Habt ihr eine Idee, wa*Rum* der Weg diese Biegung macht?

Old Oracle wackelt mit seinem Becher auf dem Tisch. Charles bemerkt, dass die erste Flasche bereits leer ist. Er öffnet die Zweite und schenkt nach. Old Oracle trinkt.

Old Oracle — Hm, wo*RUM* könnte es sich hier handeln? *wird schläfrig und döst ein*

Charles — *ungeduldig* Na toll! Da hat er sich ja eher mit *RUM* als mit Ruhm bekleckert! Hallo Old Oracle! Aufwachen! Wir würden gerne des Rätsels Lösung erfahren!

Old Oracle — *schreckt auf* He, führ dich nicht auf wie *RUM*pelstilzchen und lass mich nachdenken!…

Old Oracle wackelt mit seinem Becher auf dem Tisch. Charles seufzt und schenkt nach. Old Oracle trinkt.

Old Oracle — Die Lösung ist… *Käpt'n Chaos und Charles wenden sich ihm gebannt zu* Die Lösung ist… Die Lösung… *schläft ein*

Die beiden schauen sich betreten an. Käpt'n Chaos klopft ihm auf die Schulter, bis er wieder wach wird. Old Oracle wackelt mit seinem Becher auf dem Tisch. Charles schenkt den Rest ein. Old Oracle trinkt.

Old Oracle — *schaut nochmals auf die Karte und hebt dann prophetisch den Finger* Des Rätsels Lösung, wa*RUM* der Weg die Kurve macht, lautet: Der Einfältige vermag nicht Strich von Finger zu unterscheiden! *schläft ein*

Charles — Der Einfältige vermag nicht Strich von Finger zu unterscheiden? Was soll das denn heißen? Das soll die Antwort auf die Frage sein, warum der Weg eine Kurve bestreitet?! Und darum haben wir extra in New Delphi Station gemacht?! Ich glaube, der Alte wollte einfach mal wieder auf unsere Kosten einen über den Durst trinken! *rüttelt noch mal an Old Oracle, dieser schläft aber tief und fest* He Alter! Du kannst uns doch nicht mit so einer blöden Antwort abspeisen und einfach einschlafen!

Käpt'n Chaos — Lass mal, den kriegst du nicht mehr wach.

Die beiden gehen langsam und wiederholen den Satz dabei mehrfach. Sie schauen fragend drein. Manchmal denken sie schon, sie hätten die Lösung. Sie setzen sich auf den Bühnenrand.

Käpt'n Chaos — Zeig mir nochmal die Karte! Hm… Und jetzt reich mir das Kapitänslineal, womit man die Entfernungen misst. *probiert es aus* Hm. *vollzieht die Arbeit des Kartenzeichners nach* Ich hab's!

Charles — Du hast's?

Käpt'n Chaos Jawoll! Der Einfältige vermag nicht Strich von Finger zu unterscheiden! Es ist ganz einfach! Wir können den direkten Weg nehmen. Der finstere Käpt'n Black hatte vermutlich ähnlich viel getrunken wie unser Freund hier, *deutet auf Old Oracle* als er den Weg eingezeichnet hat. Er hat das Lineal angelegt und dabei nicht darauf geachtet, wo er seine Finger hinsetzt. Sieh her! *demonstriert es ihm*

Charles *dreht sich zum Publikum, zeichnet den Weg in die Luft und haut sich auf die Stirn* Oh Mann ist das bescheuert! Er ist, als er die Linie mit dem Lineal gezogen hat, mit dem Stift um seinen Finger gefahren! Und dafür das ganze *Rum*geeiere! Lass uns schnell wieder aufbrechen!

Käpt'n Chaos Wenigstens wissen wir jetzt Bescheid. Und es spart uns einen Tag. Auf geht's Richtung Goldküste! Schatz, wir kommen!

Szene 6

Die Meerjungfrauen

Szenenmaterial:

Kulisse an Bord des Schiffes
Schiffselemente
Kissen
Decke
Stoff
Abendstimmung

Anmerkungen:

Es wird Abend an Bord. Auf der Bühne ist das Deck angedeutet. Charles prüft mit dem Finger den Wind.

Charles — Du Käpt'n, ist dir aufgefallen, dass wir heute Morgen noch ganz gut Fahrt gemacht haben und spätestens seit heute Mittag der Wind kontinuierlich abnimmt?

Käpt'n Chaos — Ja, das ist mir leider auch aufgefallen. Hoffentlich wird es morgen wieder besser. So ein Segelschiff fährt mit Wind schon irgendwie besser.

Charles — Schon! Das Problem an einer Flaute ist nicht nur, dass man nicht vorankommt. So eine Flaute schlägt auch oft der Crew auf's Gemüt. Und wenn dann auch noch das Trinkwasser knapp wird, wird es richtig ungemütlich an Bord.

Käpt'n Chaos — Da magst du Recht haben, aber wir haben bestimmt morgen wieder eine steife Brise. *prüft mit dem Finger den Wind* Ein erfahrener Seemann wie ich hat so etwas im Gespür.

Charles — Na, dann wollen wir mal hoffen, dass dich dein phänomenales Gespür nicht im Stich lässt! *gähnt* Ich lege mich hin. Gute Nacht William.

Käpt'n Chaos — *gähnt* Ich schlafe an Deck. Bei den Temperaturen ist es mir in der Kapitänskajüte zu warm. Gute Nacht.

Das Licht wird weiter runtergedimmt. Käpt'n Chaos legt sich hin und schläft ein. Zu der Zeit beginnt leise das Vorspiel zum Lied der Meerjungfrauen.

Käpt'n Chaos — *im Schlaf sprechend* Träum ich? Ich glaube, ich höre Musik. Dass bei so einem Musical ständig Musik laufen muss...

1. Meerjungfrau — Ja, William, du träumst.

Käpt'n Chaos — Wer spricht da?

2. Meerjungfrau — Wir sind's, die Meerjungfrauen.

Käpt'n Chaos — Es gibt wirklich Meerjungfrauen?

3. Meerjungfrau — Und wir haben gehört, dass du ein tapferer Seemann und ein schlauer Kapitän bist.

Käpt'n Chaos — *geschmeichelt* Echt? Ich fühle mich geschmeichelt.

1. Meerjungfrau — Wir haben ein Anliegen an dich.

2. Meerjungfrau — Ja, und wir hoffen, dass du der Richtige bist.

3. Meerjungfrau — Sonst sind wir verloren.

Käpt'n Chaos — Verloren? Wirklich? Was ist denn euer Problem?

5. Lied: Das Lied der Meerjungfrauen (erste Begegnung)

5. Das Lied der Meerjungfrauen

(erste Begegnung)

basierend auf R.Wagner, Rheingoldouvertüre

J. Adamietz

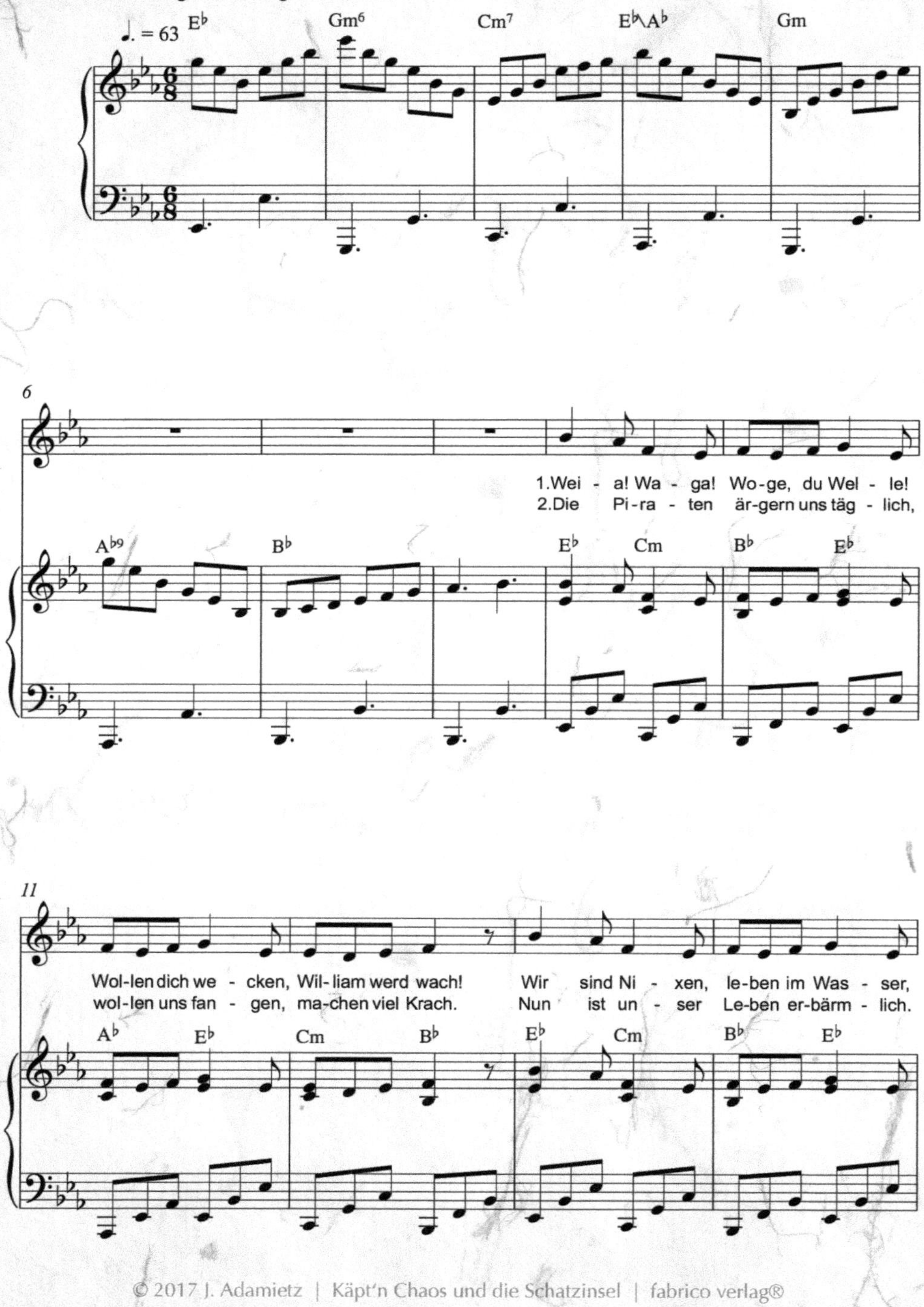

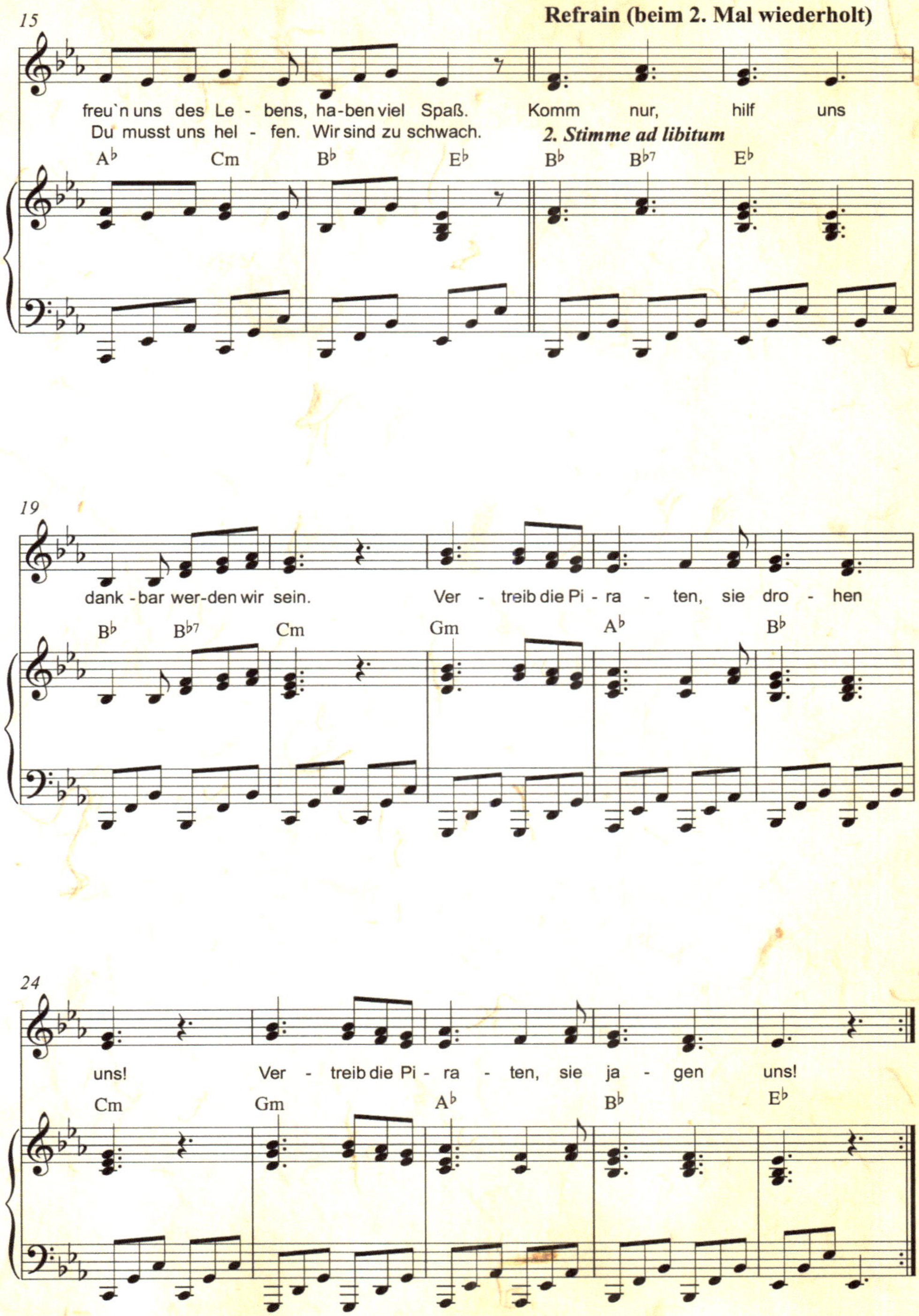
15
Refrain (beim 2. Mal wiederholt)
freu`n uns des Le - bens, ha-ben viel Spaß. Komm nur, hilf uns
Du musst uns hel - fen. Wir sind zu schwach.
2. Stimme ad libitum
A♭ Cm B♭ E♭ B♭ B♭7 E♭
19
dank - bar wer-den wir sein. Ver - treib die Pi - ra - ten, sie dro - hen
B♭ B♭7 Cm Gm A♭ B♭
24
uns! Ver - treib die Pi - ra - ten, sie ja - gen uns!
Cm Gm A♭ B♭ E♭

Szene 7

Die Flaute

Szenenmaterial:

Kulisse an Bord des Schiffes
Schiffselemente
Vier-gewinnt-Spiel
Trinkbecher
Flasche
Degen
mehrere ‚Bounty'-Schokoriegel

Anmerkungen:

Die Crew ist sauer.

Moritz — Mann, ist das eine Hitze!

Konrad — Seit vier Tagen haben wir nun schon Flaute. Wo bleibt denn der verfluchte Wind?!

Lukas — Dabei hatte der Käpt'n doch noch gesagt, dass Wind kommt. *äfft den Käpt'n nach* Ein erfahrener Seemann wie ich hat so etwas im Gespür.

Max — *gereizt* Ja, verdammt! Und langsam geht uns das Wasser aus. Die Ration, die der Käpt'n austeilen lässt, reicht gerade mal, um sich den trockenen Mund zu befeuchten.

6. Lied: Flautenrap

6. Flautenrap

J. Adamietz

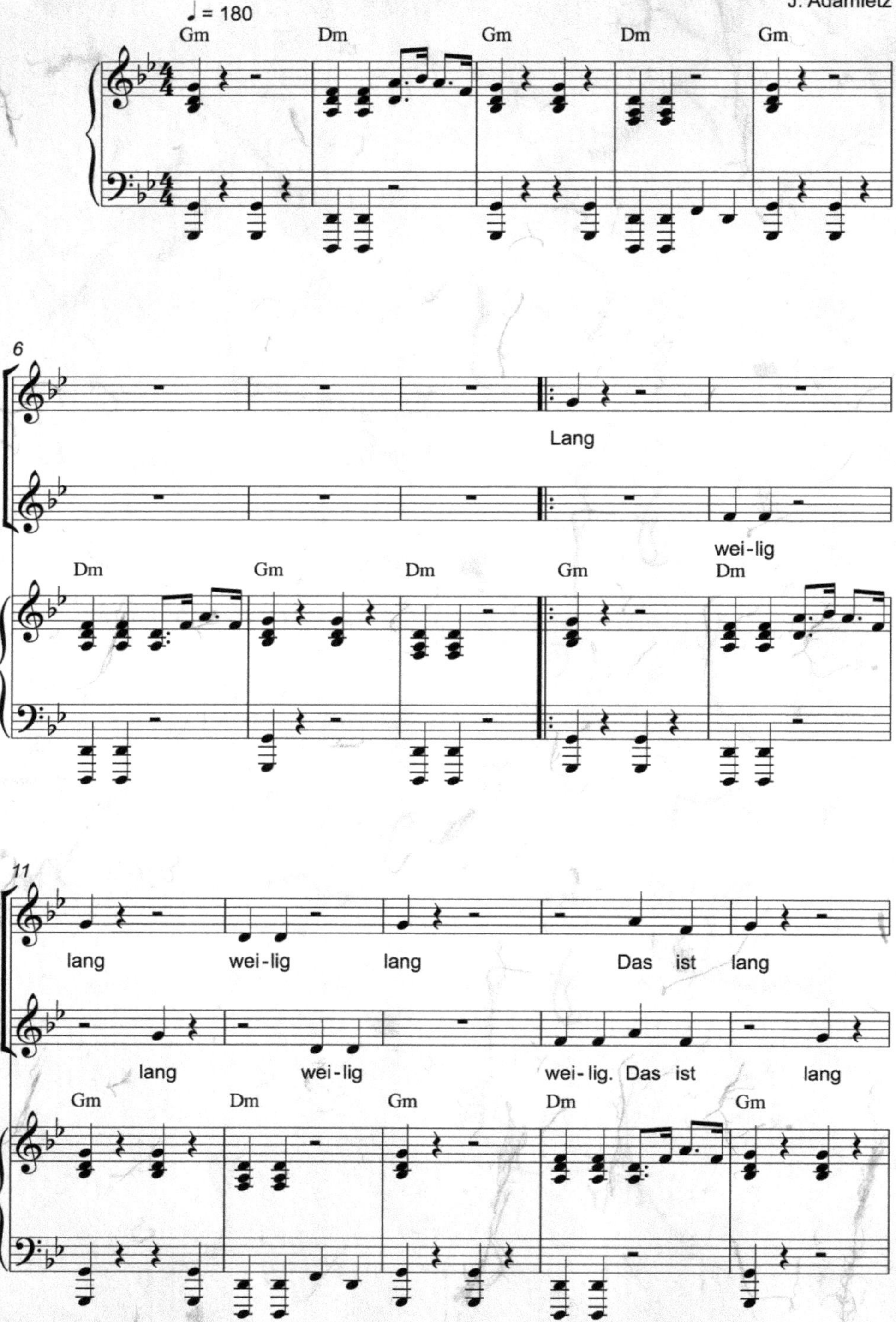

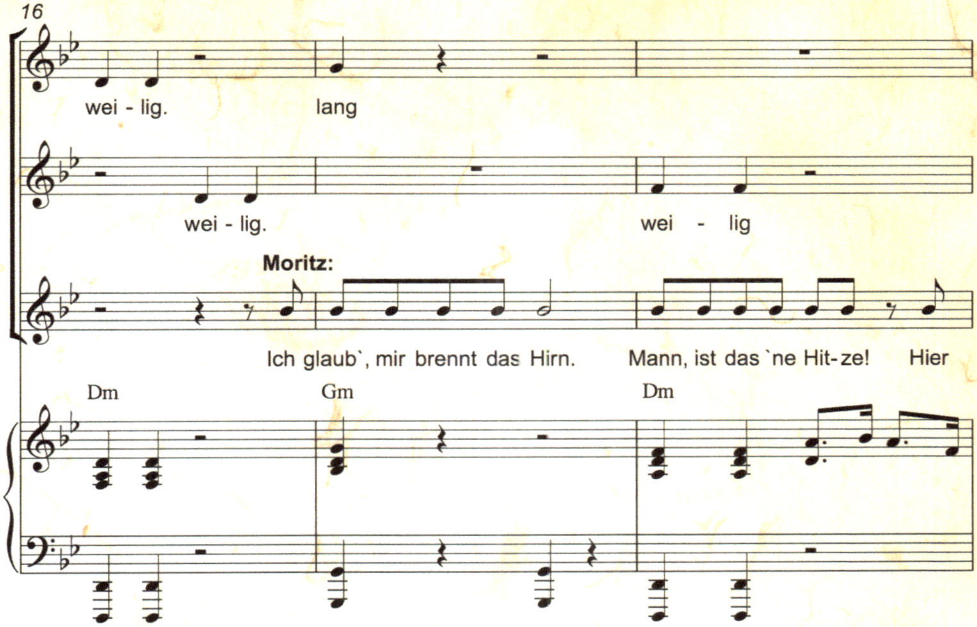
16
wei - lig. lang
wei - lig. wei - lig
Moritz:
Ich glaub`, mir brennt das Hirn. Mann, ist das `ne Hit-ze! Hier
Dm
Gm
Dm

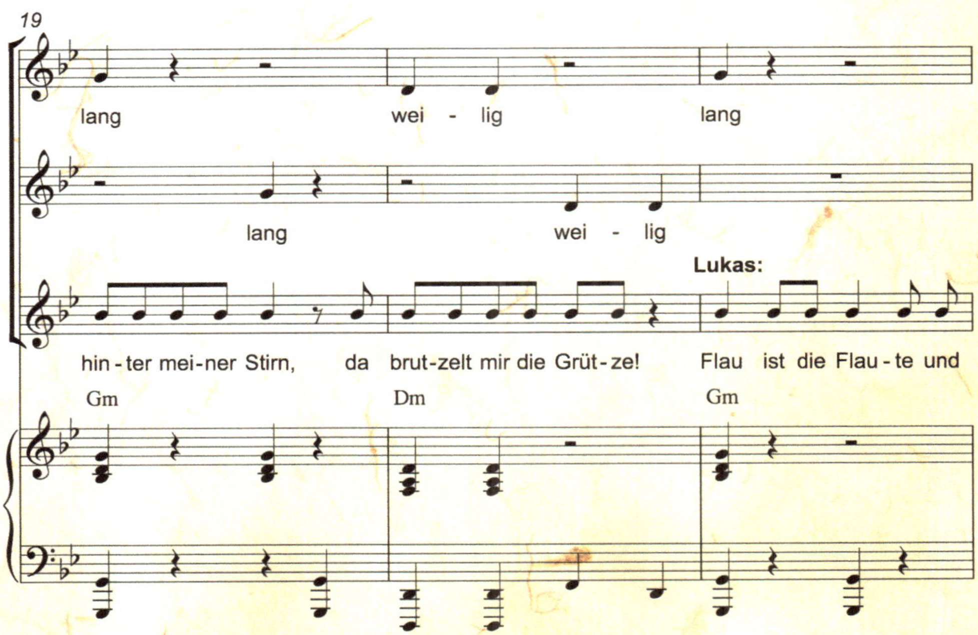
19
lang wei - lig lang
lang wei - lig
Lukas:
hin - ter mei-ner Stirn, da brut-zelt mir die Grüt-ze! Flau ist die Flau - te und
Gm
Dm
Gm

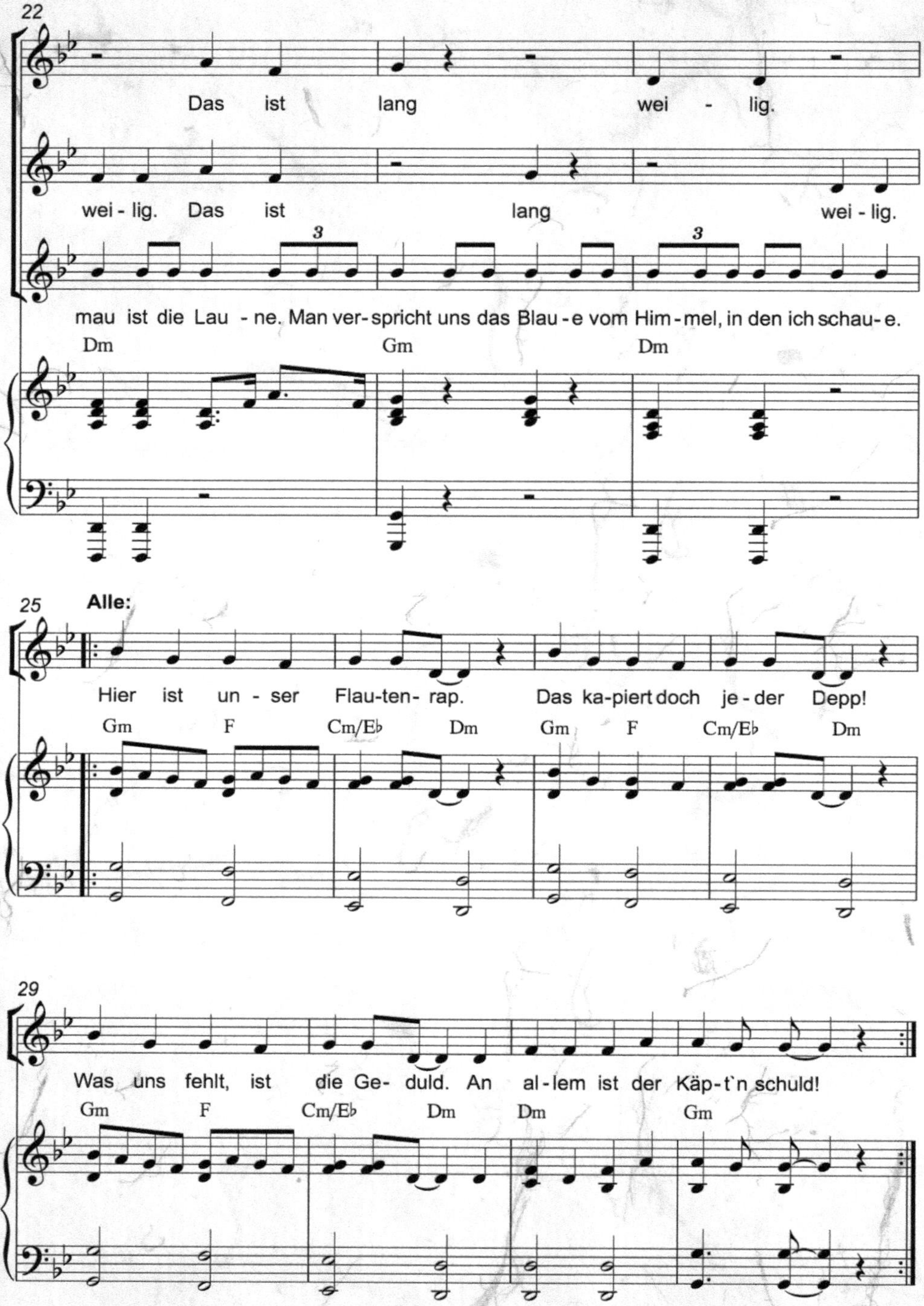
22
Das ist lang wei - lig.
wei - lig. Das ist lang wei - lig.
mau ist die Lau - ne. Man ver- spricht uns das Blau - e vom Him - mel, in den ich schau - e.
Dm Gm Dm
25
Alle:
Hier ist un - ser Flau - ten - rap. Das ka - piert doch je - der Depp!
Gm F Cm/E♭ Dm Gm F Cm/E♭ Dm
29
Was uns fehlt, ist die Ge - duld. An al - lem ist der Käp - t`n schuld!
Gm F Cm/E♭ Dm Dm Gm

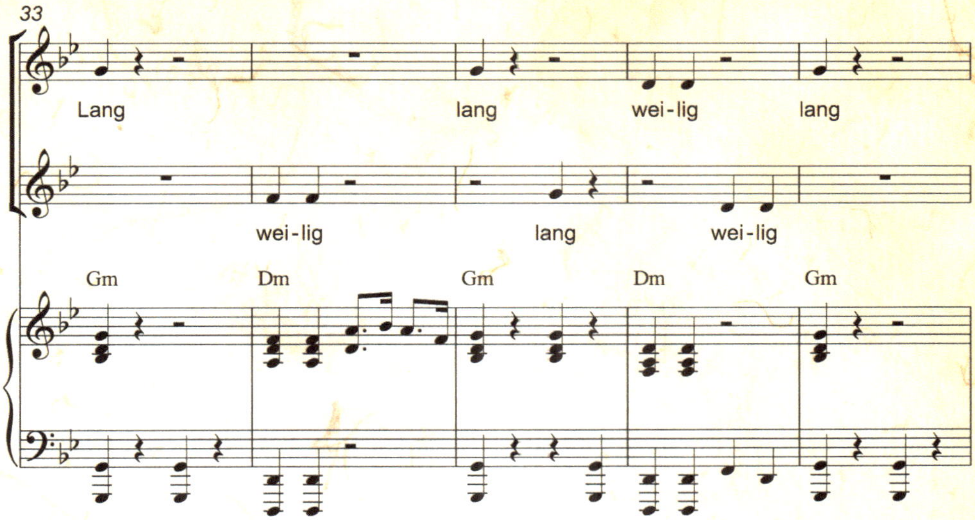
33
Lang lang wei-lig lang
wei-lig lang wei-lig
Gm Dm Gm Dm Gm

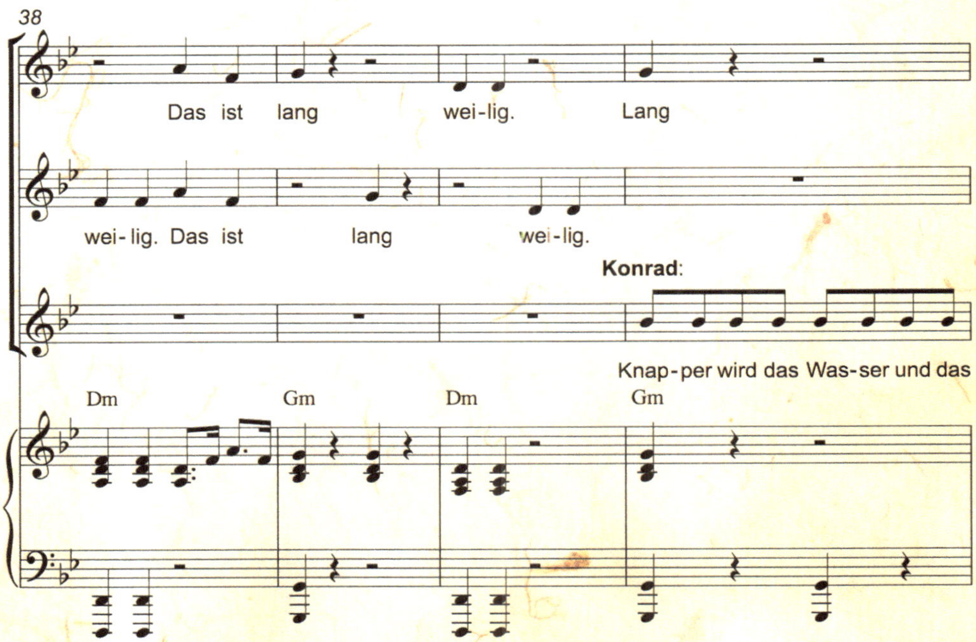
38
Das ist lang wei-lig. Lang
wei-lig. Das ist lang wei-lig.
Konrad:
Knap-per wird das Was-ser und das
Dm Gm Dm Gm

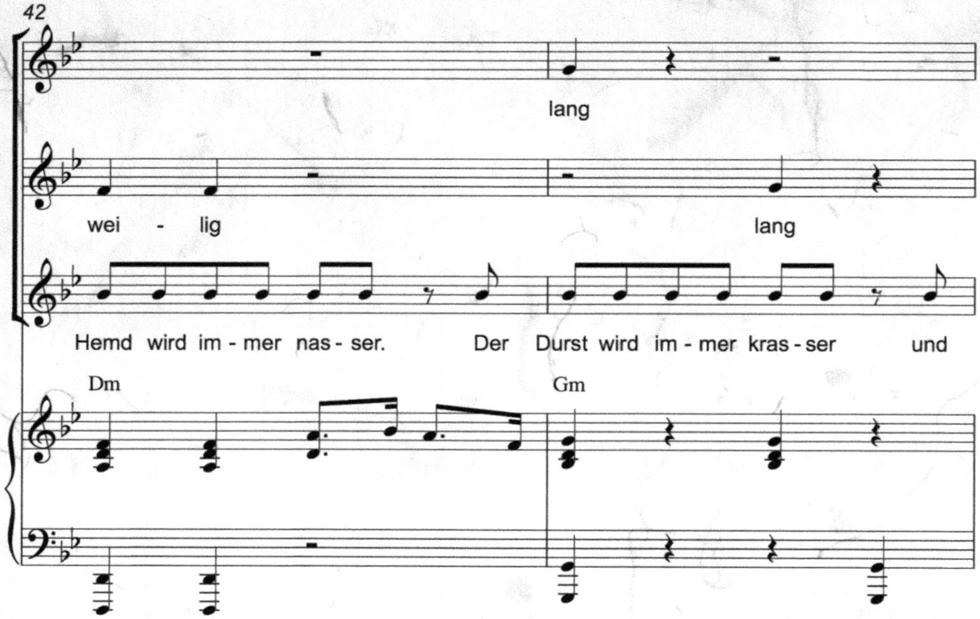
42
lang
wei - lig lang
Hemd wird im - mer nas - ser. Der Durst wird im - mer kras - ser und
Dm
Gm

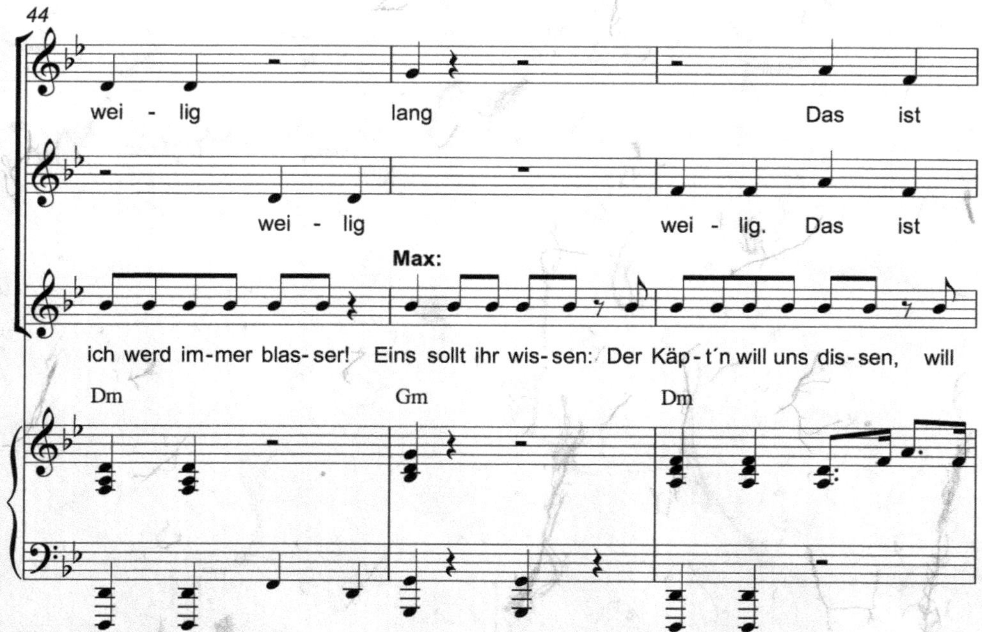
44
wei - lig lang Das ist
wei - lig wei - lig. Das ist
Max:
ich werd im - mer blas - ser! Eins sollt ihr wis - sen: Der Käp - t´n will uns dis - sen, will
Dm
Gm
Dm

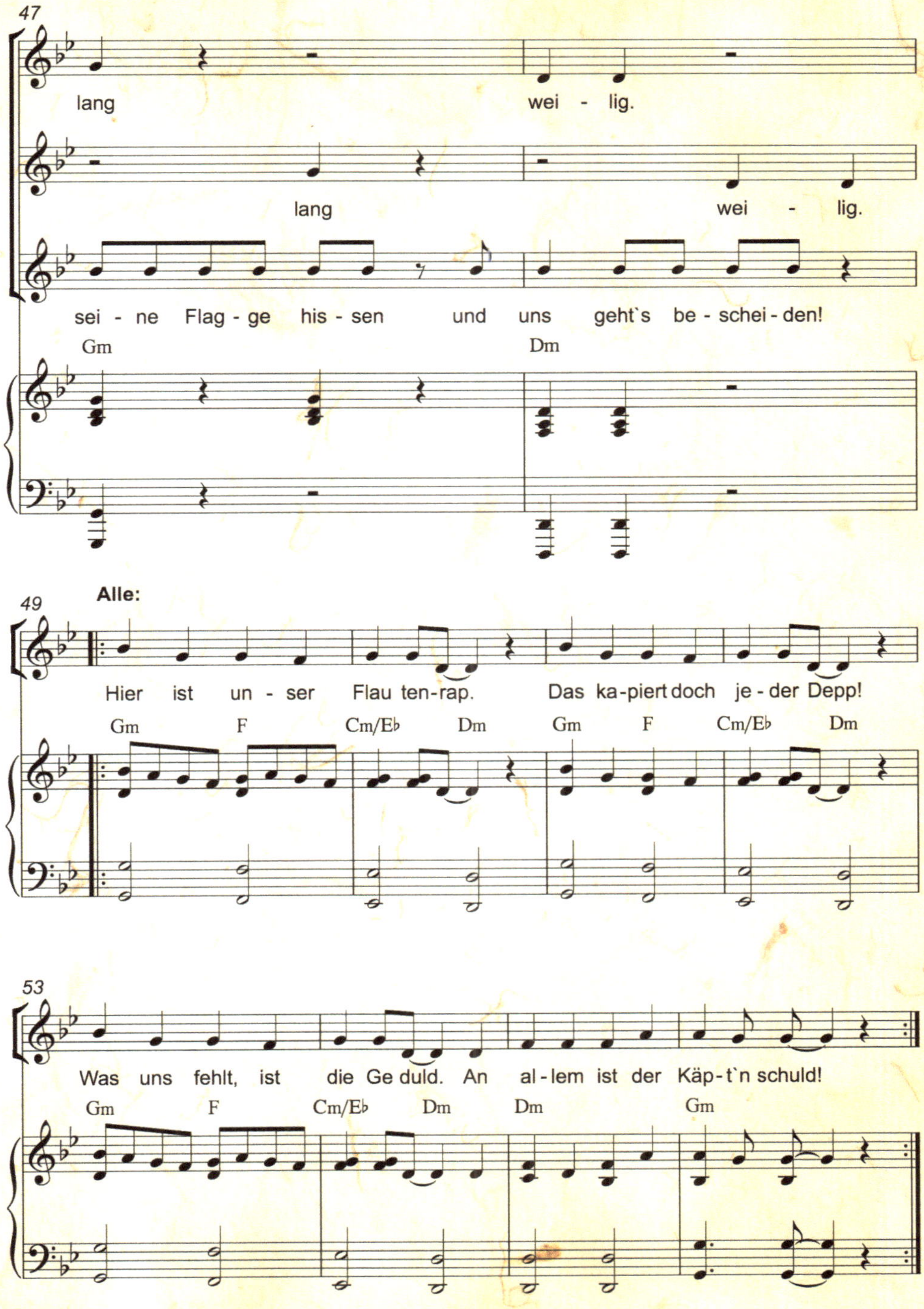
47
lang wei - lig.
lang wei - lig.
sei - ne Flag - ge his - sen und uns geht`s be - schei - den!
Gm Dm
49
Alle:
Hier ist un - ser Flau ten-rap. Das ka-piert doch je - der Depp!
Gm F Cm/E♭ Dm Gm F Cm/E♭ Dm
53
Was uns fehlt, ist die Ge duld. An al - lem ist der Käp - t`n schuld!
Gm F Cm/E♭ Dm Dm Gm

Während des Liedes kommen Käpt'n Chaos und Charles an Deck. Sie diskutieren über die Route und werden nach und nach von den aufgebrachten Seeleuten umringt und bedroht.

Charles *zieht am Ende des Liedes seinen Degen und stellt sich vor den Käpt'n* Ihr werdet euch doch nicht gegen euren Käpt'n auflehnen?! Wisst ihr, wie man das nennt? Meuterei nennt man das! Und wisst ihr auch, was man mit Leuten macht, die eine Meuterei anzetteln: Man knüpft sie auf! Wollt ihr das? Wollt ihr wirklich meutern?

Während der Ansprache von Charles werden die Matrosen schnell kleinlaut und bekommen Angst.

Lukas Also Meuterei jetzt, äh…

Max So war das ja nicht gemeint.

Moritz Och, eigentlich war uns nur langweilig…

Konrad Wer wird denn gleich so…

Lukas War doch nicht bös gemeint.

Die Lage entspannt sich.

Käpt'n Chaos *wagt sich hinter Charles hervor* So, äh, ich mache dann mal einen Vorschlag. Damit hier niemand mehr an Meuterei oder so etwas Schreckliches denkt, bekommt jeder einen Riegel Kokosschokolade. *verteilt Bounty*

Alle Matrosen Oohh!!

Max Nein, nein. Meuterei - wer denkt denn an sowas?!

Konrad Hm lecker, Kokosschokolade!

Käpt'n Chaos Außerdem bekommt jeder von Konrad, dem Koch, zusätzlich zu seiner Wasserration auch noch ein Becherchen Rum.

Alle Matrosen Aahh!!

Charles *zum Publikum* Wow, er hat dieses Mal an Rum gedacht!

Käpt'n Chaos Und außerdem schlage ich vor, wir veranstalten ein kleines Turnier im Vier-gewinnt-Spiel und der Gewinner bekommt noch mehr Kokosschokolade.

Charles Und sofort, wenn wir auf den Rupi-Inseln sind, bekommt die Crew Landgang.

Alle Matrosen Uuhh!

Sie setzen sich hin. Alle verteilen sich wieder an Deck. Konrad verteilt Wasser und Rum. Käpt'n Chaos verteilt Bounty. Alle beginnen Vier-gewinnt zu spielen.

Moritz *isst genüsslich* Hm lecker. Wer wird denn gleich an so etwas Böses wie Meuterei denken.

Max Prost. Auf den Käpt'n!

Alle Auf den Käpt'n!

Käpt'n Chaos Endlich mal wieder Vier-gewinnt! Ich war schon ganz aus der Übung!

Charles Ich muss sagen: Gut gemacht, Käpt'n!

7. Der Landgang

J. Adamietz

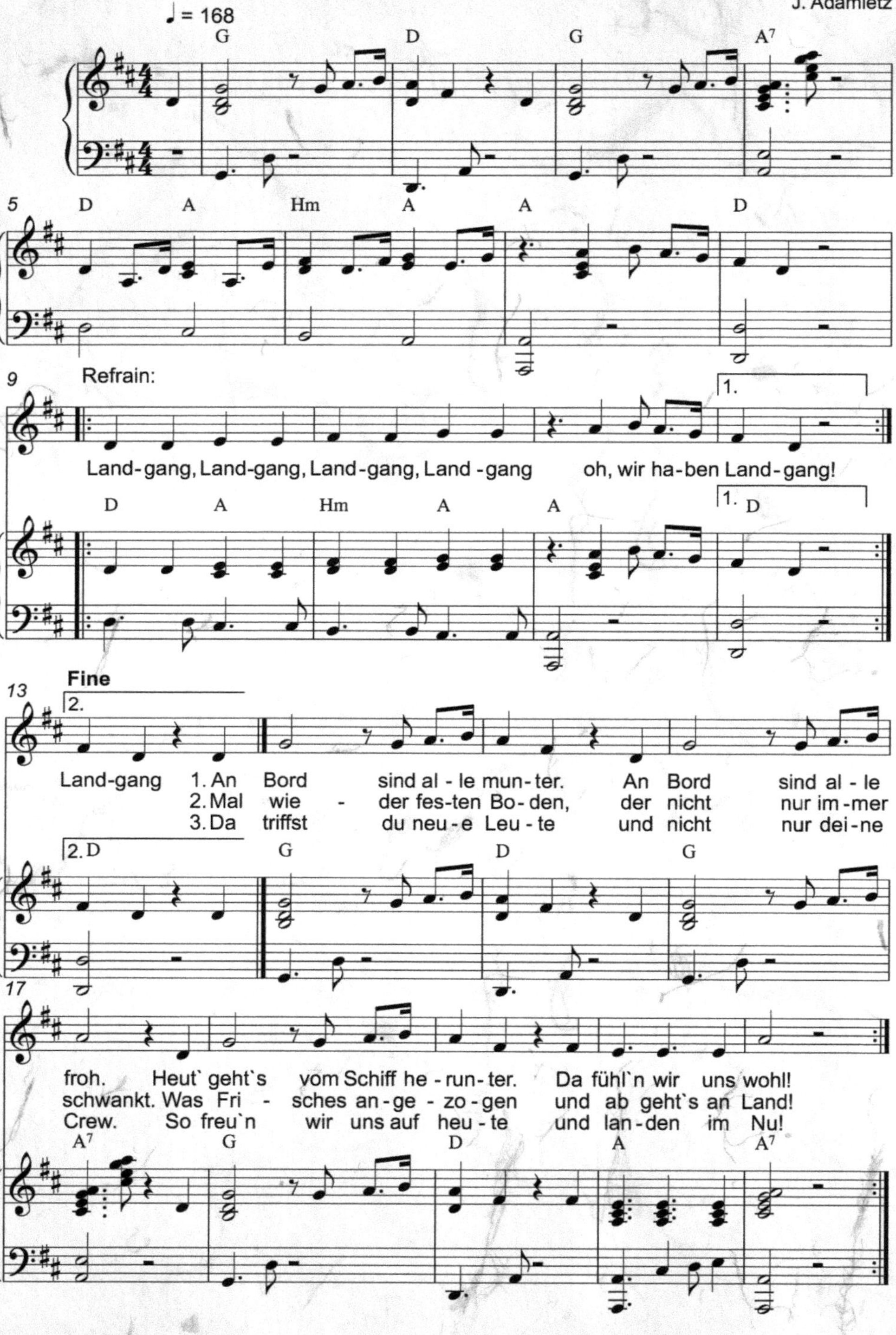

Szene 8

Der Landgang

Szenenmaterial:

Kulisse zeigt Platz in einer Hafenstadt
Souvenirstand u.a. mit Halsketten
Schatzkarten
Einkaufszettel
Tüte mit Einkäufen
Geldbeutel
Schirm
Fahrkarten
Geldmünzen
Knotenbrett

Anmerkungen:

7. Lied: Der Landgang

Die vier Matrosen kommen mit Tüten bepackt auf einen Platz in einer Hafenstadt. Auf dem Platz befindet sich ein Stand mit der Aufschrift „Souvenirs".

Moritz — Ich finde das richtig nett, mal wieder an Land zu sein. So langsam hört auch der Boden auf zu schwanken.

Max — Ja, das stimmt. Nach so langer Zeit an Bord muss man sich erst mal wieder an festen Grund gewöhnen.

Lukas — Haben wir alles eingekauft, was auf dem Zettel stand?

Konrad — *kramt den Einkaufszettel hervor* Also, lasst uns mal nachschauen: Wasser?

Moritz — Das wird in Fässern zur CHAOS geliefert.

Konrad — Rum?

Max — Wird ebenfalls geliefert.

Konrad Brot?

Lukas *hebt eine Tüte hoch* Davon haben wir genug.

Konrad Gemüse?

Max *hebt eine Tüte hoch* Haben wir. Alles frisch.

Konrad Okay, dann haben wir alles. *schaut in den Geldbeutel* Saftige Preise gibt es hier mittlerweile. Das war früher noch nicht so. Wusstet ihr eigentlich, dass ich auf den Rupi-Inseln groß geworden bin – auf einer der Nachbarinseln?

Moritz Echt? Erzähl mal! Wie war das denn hier früher?

Sie setzen sich auf den Bühnenrand.

Konrad Nun ja, ihr seht ja, dass es hier sehr schön ist. Wir haben immer auf den Felsen herumgetollt. Die meisten Leute haben ihren Lebensunterhalt als Fischer oder Matrose verdient. Es war eine sehr ruhige Gegend hier. Mittlerweile kommen aber immer mehr von diesen Überseeschiffen mit Touristen vorbei... *deutet auf die Touristengruppe, die gerade hereinkommt und zuckt mit den Schultern*

Die Matrosen verfolgen die weitere Szene. Die Touristengruppe nähert sich hinter ihrem Fremdenführer dem Souvenirstand.

Fremdenführer *hält einen ausgefahrenen, aber geschlossenen Schirm als Erkennungszeichen vor sich und trägt routiniert seinen Text vor* Die Rupi-Inseln, auf deren Hauptinsel Rupi-Tupi Sie sich hier befinden, schmiegen sich mit ihrer felsigen Küste malerisch in die Rupi-See. Die Fischerei war auf der idyllischen Inselkette einst die Haupterwerbsquelle für die herzlichen Menschen, die hier leben. Junge Männer, die das Abenteuer lockte, heuerten auf großen Segelschiffen an. Kunstvoll Gearbeitetes aus dem traditionellen, einheimischen Handwerk, für das die Rupi-Inseln berühmt sind, wird an kleinen Verkaufständen wie diesem hier feilgeboten. *deutet auf den Stand* Übrigens erzählen sich die Einheimischen auch allerhand spannende Geschichten vom einäugigen Käpt'n Black, einem Piraten, der in dieser Gegend sein Unwesen getrieben haben soll.

Konrad macht ein fragendes Gesicht. Die anderen Matrosen reagieren auf ihn und die Worte des Fremdenführers. Klein Klaus und Klein Karl patschen die Dinge auf dem Verkaufsstand an. Ihr Papa versucht dies zu unterbinden. Ihre Mama schminkt sich nach. Konrad schüttelt den Kopf.

Touristin 1 Schau mal, wie hübsch! Diese traditionelle Halskette.

Touristin 2 Wunderschön!

Touristin 1 — *kauft die Halskette* Hach, wie aufregend! Dieser Käpt'n Black - ein richtiger Pirat.

Touristin 2 — Und wie romantisch: Die jungen Männer, die ihr Heil in der Fremde suchten.

Die Matrosen machen sich gestikulierend über Konrad lustig.

Klein Karl — Mama, schau! Da gibt es eine echte Schatzkarte von Käpt'n Black. Darf ich die haben? *flehend* Bitte!

Die Matrosen werfen ihre Köpfe herum und fangen dann an über das Thema „Schatzkarte" gestisch zu diskutieren.

Klein Klaus — Papa, ich will aber auch die Karte von Käpt'n Black!

Klein Klaus und Klein Karl — *flehend* Bitte!!

Papa — Aber es gibt bestimmt nur eine Karte vom legendären Käpt'n Black...

Klein Karl — Dann kriege ich die Karte!

Klein Klaus — Nein, ich! *geraten in Streit*

Verkäufer — Machen Sie sich keine Sorgen, ich habe noch eine geheime Schatzkarte in petto. Die zwei Karten kann ich Ihnen zum Sonderpreis von nur vier pazifischen Francs anbieten.

Die Crew wird noch nervöser.

Papa — Vier pazifische Francs – gesalzene Preise! Ich wollte eigentlich nicht den ganzen Stand kaufen. Höhö.

Mama — Nun sei doch nicht so. Klein Klaus und Klein Karl freuen sich bestimmt.

Papa — Naja, aber wir wollen mal nicht so sein. Wir sind ja schließlich im Urlaub. Wir nehmen die zwei. *kauft die Karten*

Klein Klaus und Klein Karl — Jippieh! *betrachten ihre Karten*

Fremdenführer — Wir gehen nun durch die pittoreske Altstadt wieder hinunter zum geschäftigen Hafen. Hier entlang bitte. *deutet den Weg nach draußen* Gehen Sie schon einmal vor. Wir treffen uns vor dem Stand mit den Badeartikeln, weil dort die Aussicht so schön ist!

Die Gruppe geht weiter. Der Fremdenführer geht zum Verkäufer und hält die Hand auf.

Verkäufer — Hier Pepe, dein Anteil. *gibt ihm Geld* Und könntest du beim nächsten Mal vielleicht sagen: „S e h r kunstvoll Gearbeitetes aus dem traditionellen, einheimischen Handwerk, für das die Rupi-Inseln berühmt sind, wird an kleinen Verkaufständen wie diesem hier für g ü n s t i g e Preise feilgeboten!“?

Fremdenführer — *wiederholt für sich* ...für günstige Preise... Okay, ich versuche, mir das zu merken.

Verkäufer — Super, bis zur nächsten Gruppe.

Fremdenführer — Bis nachher. Und füll die Schatzkarten wieder auf! *geht der Gruppe hinterher, die von der Bühne geht*

Die Matrosen nähern sich verdutzt dem Stand.

Max — Wenn ich das so höre, bin ich mir nicht mehr so sicher, ob die angebliche Schatzkarte von Käpt'n Black noch so viel wert ist.

Die drei anderen — Hmhm! *machen zweifelnde Gesichter und Gesten*

Lukas — Schau mal Moritz. *deutet auf ein Brett mit Knoten* Das hier wäre doch was für dich. *präsentiert das Brett wie in der Werbung* Hier gibt es Original-Matrosen-Knoten von den Rupi-Inseln! Palsteg, Webeleinsteg, Kreuzknoten. Damit könntest du deine Matrosenkenntnisse verbessern.

Moritz — Das ist ja toll! Dann kann ich vielleicht das nächste Mal beim Anlegen das Schiff festmachen. *zum Verkäufer* Wie viel macht das?

Verkäufer — Drei pazifische Francs. Das Brett mit den Original-Matrosen-Knoten ist eine ganz besondere Tradition hier von den Inseln. Ich habe es selbst zu Hause an der Wand hängen. *verkauft es Moritz und packt es ein*

Die Matrosen gehen langsam ab. Moritz packt sein Knotenbrett wieder aus.

Konrad — Original-Matrosen-Knoten von den Rupi-Inseln? Also wir hatten früher kein solches Brett im Wohnzimmer hängen...

Lukas — Komisch, ich meine, ich hätte das gleiche Brett mit den gleichen Knoten in einem Laden gesehen, als wir im Hafen von New Delphi lagen. Da hießen sie Original-Matrosen-Knoten aus New Delphi!

Sie betrachten das Brett kurz vor dem Ausgang.

Moritz Schaut mal. Da ist ein kleines Schild auf der Rückseite. Da steht… Mann, ist das klein gedruckt… Ähm… Made… in… *englisch* Made in China. Na super!

Max Original-Matrosen-Knoten von den Rupi-Inseln! Haha!

Die Matrosen gehen lachend ab.

Szene 9

Die Sirenen

Szenenmaterial:

Kulisse an Bord des Schiffes
Schiffselemente
Seil
Mast
Schatzkarte
Wachs für die Ohren

Anmerkungen:

Alle Matrosen sowie der Käpt'n und Charles sind wieder an Bord der Chaos.

Charles — Wir kommen bald in die Gegend, wo in der Karte steht „Hüte Dich vor den Sirenen!". Muss uns das Sorgen bereiten?

Konrad — Ich kannte da mal einen Seemann namens Martin, der hatte ein Horn…

Max — *unterbricht Konrad* Was tut denn das jetzt zur Sache?! Seid ihr euch sicher, dass man dieser Karte überhaupt trauen kann?

Charles — Naja, die alten Seeleute erzählen sich, dass einen die Sirenen mit dem süßesten Gesang so bezirzen, dass man nicht mehr Herr seiner Sinne ist.

Lukas — Und damit locken sie die Seeleute mit ihren Schiffen auf die Klippen.

Charles — Das ist ungefähr so, wie wenn die Teenies alle in Ohnmacht fallen, weil ihr Lieblingsstar auftritt.

Moritz — Na so eine Sauerei! Ich dachte, sie seien so etwas wie die „Gelben Engel".

Konrad — Nein gar nicht. Sie sind hundsgefährliche Frauenzimmer!

Moritz — Und wie gehen wir es dann an, dass sie uns nicht auf die Klippen locken?

Max	In einer alten Geschichte heißt es, man könne sich mit Wachs in den Ohren schützen. Dann hört man den Gesang nicht.
Lukas	Super Idee!
Käpt'n Chaos	Dann stopft euch mal lieber alle Wachs in die Ohren. Ich habe irgendwie Lust, mir das Spektakel mal anzuhören. So toll kann das ja auch wieder nicht sein.
Charles	Dann sollten wir dich aber lieber an den Mast binden, damit du nicht aus Versehen beim Stagediving von Bord gehst. Und du weißt, Headbanging soll auch schädlich sein.
Käpt'n Chaos	Na gut, na gut. Sicher ist sicher.

Sie binden Käpt'n Chaos fest und stopfen sich Wachs in die Ohren. Danach beginnt das Vorspiel des Liedes (8. Lied: Das Lied der Sirenen). Käpt'n Chaos ist ganz hingerissen und versucht sich zu befreien Die Sirenen sind als „partymäßig" gekleidete Damen dargestellt und sprechen grundsätzlich lockend. Die Crew macht sich über den Käpt'n lustig.

Sirene 1	Wow, schau mal dort!
Sirene 2	Was für ein fescher Käpt'n!
Alle Sirenen	Wuuuh! *pfeifen*
Sirene 3	Hallihallo Käpt'n, Lust auf ein kleines Abenteuer?
Sirene 1	Wird auch gar nicht teuer.
Sirene 2	Komm doch mal rüber zu uns!
Sirene 3	Nur noch ein gaaanz kleines Stückchen!

8. Lied: Das Lied der Sirenen

8. Das Lied der Sirenen

J. Adamietz

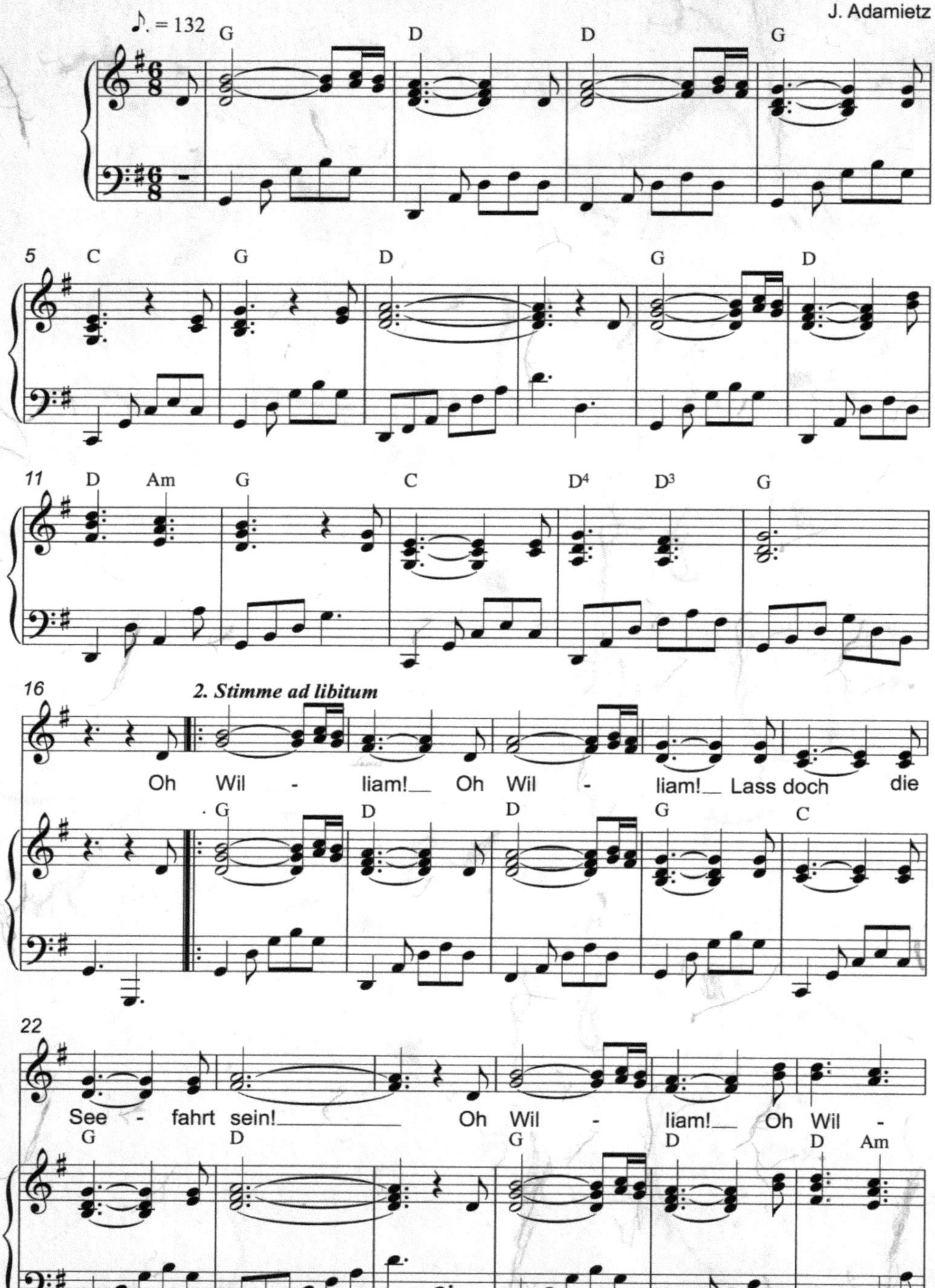

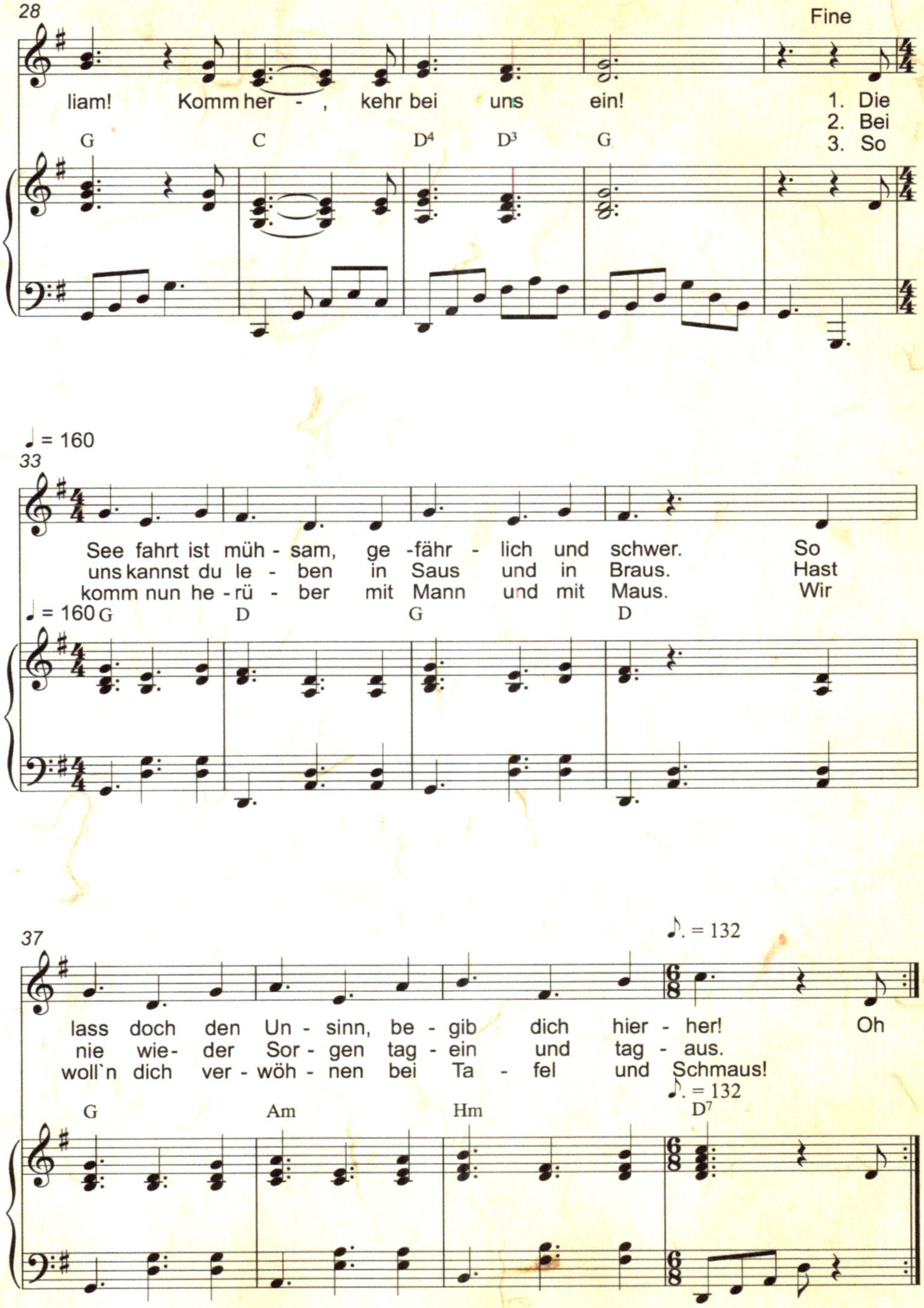
28
Fine
liam! Komm her - , kehr bei uns ein!
1. Die
2. Bei
3. So
G C D4 D3 G
♩ = 160
33
See fahrt ist müh - sam, ge -fähr - lich und schwer. So
uns kannst du le - ben in Saus und in Braus. Hast
komm nun he - rü - ber mit Mann und mit Maus. Wir
♩ = 160
G D G D
37
♪. = 132
lass doch den Un - sinn, be - gib dich hier - her! Oh
nie wie- der Sor - gen tag - ein und tag - aus.
woll`n dich ver - wöh - nen bei Ta - fel und Schmaus!
♪. = 132
G Am Hm D7

Die Sirenen locken den Käpt'n während des Liedes. Am Ende winken sie ihm und werfen ihm einen Luftkuss zu, wenn sie abgehen. Wenn das Lied zu Ende ist, versucht der Käpt'n die anderen dazu zu bringen, ihn wieder loszumachen.

Käpt'n Chaos — Hallo Jungs, die Show ist vorbei. Könntet ihr mich dann mal wieder…

Die anderen bemerken ihn nicht oder nehmen ihn nicht ernst, winken zurück. Er spricht nun überdeutlich und gestikuliert übertrieben dazu.

Käpt'n Chaos — Könntet… ihr… mich… losmachen?!

Lukas — *viel zu laut* Wie bitte?

Käpt'n Chaos — Könntet… ihr… mich… losmachen?!

Die Crew versteht, entfernt das Wachs aus den Ohren und macht den Käpt'n wieder los.

Käpt'n Chaos — Ich muss noch ein Autogramm ergattern! *Rennt in Richtung Reling. Die anderen kriegen ihn noch zu fassen.* Lasst mich los!

Max — Haltet ihn fest! Der geht über Bord!

Charles — Jetzt komm mal wieder zu dir! Das waren die berühmt berüchtigten Sirenen. Sie haben dich verzaubert.

Käpt'n Chaos — *kommt wieder zu sich* Puh! Aber man muss sagen: Das war echt eine verdammt coole Bühnenshow!

Charles — Komm mal wieder runter!

Szene 10

Die Piraten

Szenenmaterial:

Kulisse Reling des Schiffes
Reling des Piratenschiffes
(Schiffselemente je aufteilen)
Lederbeutel
Vier-gewinnt-Spiel
Kochlöffel
Fernrohr

Anmerkungen:

Die Besatzung befindet sich entspannt auf Deck und hat Sonnenbrillen auf. Die Seite des Schiffes muss durch eine Reling angedeutet sein. Die Reling des Piratenschiffes wird später von den Piraten selbst hereingetragen.

Konrad — Ist das nicht eine schöne Gegend hier? Die Goldküste scheint wirklich golden, wenn sie im Glanz der Sonne liegt.

Moritz — Ja, du hast recht. Das ist wirklich eine ganz wundervolle Gegend. Der Wind geht jetzt genau richtig, die See ist ruhig und friedlich…

Max — So könnte es die ganze Zeit weitergehen. Sehr entspannend!

Lukas — *vom Ausguck* Ein Schiff!

Konrad — *erfreut* Oh, ein bisschen Abwechslung!

Lukas — Das Schiff nähert sich aus Nordnordwest!

Alle außer Moritz sehen in Richtung Nordnordwest, er dann auch.

Max — Kannst du sehen, unter welcher Flagge es fährt?

Lukas — Moment, ich glaube, er hisst sie gerade. Oh Mist! Es sind, es sind, es sind…

Charles — Ja, jetzt sag schon! Sind es Engländer? Spanier? Portugiesen?

Lukas — Es sind Pi… Pi…

Max — Pipi? Soll ich dich mal kurz ablösen?

Lukas — Es sind Pi… Pi… Pira… Piraten!!

Alle außer Charles sind völlig aufgeregt und rufen panisch durcheinander.

Max — Piraten!

Moritz — Hilfe!

Konrad — Heilige Atalanta, hilf!

Max — Oh Himmel, wo ist das Ocean Shield?!

Charles — Bleibt ruhig, Jungs! Wir werden ihnen schon Paroli bieten! Die CHAOS ist bis jetzt noch aus jedem Gefecht als Sieger hervorgegangen. Alles klar machen zum Gefecht! Ladet die Kanonen!

Matrosen — Ay!

Die Matrosen rüsten sich zum Kampfe. Käpt'n Chaos kratzt sich verlegen am Kopf und läuft unruhig hin und her.

Moritz — *kommt angelaufen und meldet* Ähm, Offizier, wir besitzen zwar nur eine Kanone, aber die ist immerhin gleich bereit.

Charles — Wie bitte?! Hast Du keine Augen im Kopf?! *zum Publikum* Es ist heute einfach unheimlich schwer, gutes Personal zu bekommen. Die CHAOS ist mit 22 Geschützen ausgestattet. Die kann man doch nicht übersehen! Die haben ein Gestell aus Holz und große, schwere Eisenrohre obendrauf!

Max — Ich kann das bezeugen. Da unten steht nur eine Kanone.

Käpt'n Chaos — *verlegen* Ähm, da muss ich ihm leider recht geben. Du hattest dich doch gefragt, wie wir Proviant, Ausrüstung und so weiter finanzieren konnten…

Charles — Ja, und?! Da hast du noch so groß getönt und den Finanzexperten raushängen lassen.

Käpt'n Chaos — Ja, ich habe doch aber von Veränderungen im Portfolio berichtet…

Charles — Veränderungen im Portfolio?! Soll das heißen, du hast unsere Kanonen verkauft?!

Käpt'n Chaos	Tja, öh, ich fürchte, so ist es…
Charles	*wird jetzt auch panisch* Dann gnade uns Gott!
Konrad	Du lieber Himmel!
Max	Wir sind verloren!
Lukas	Sie kommen immer näher. Was machen wir denn jetzt?
Käpt'n Chaos	Jetzt macht mal nicht so einen Stress! Lasst sie erst mal kommen. Leichtmatrose Lukas, du versteckst dich unter Deck und machst unsere Kanone klar. Ihr hisst schon mal die weiße Flagge. Dann können wir versuchen zu verhandeln. Und... füllt unsere Lederbeutel mit Wasser und haltet euch bereit.
Charles	Bist du jetzt völlig durchgedreht? Was soll denn das?
Käpt'n Chaos	Frag nicht! Macht!

Die Matrosen rennen los. Lukas geht ab. Das Piratenschiff fährt neben die Chaos. Man sieht die Reling beider Schiffe angedeutet. Während des Liedes gestikulieren die beiden Parteien entsprechend.

9. Lied: Das Seeräuberlied

9. Das Seeräuberlied

♪ = 196

J. Adamietz

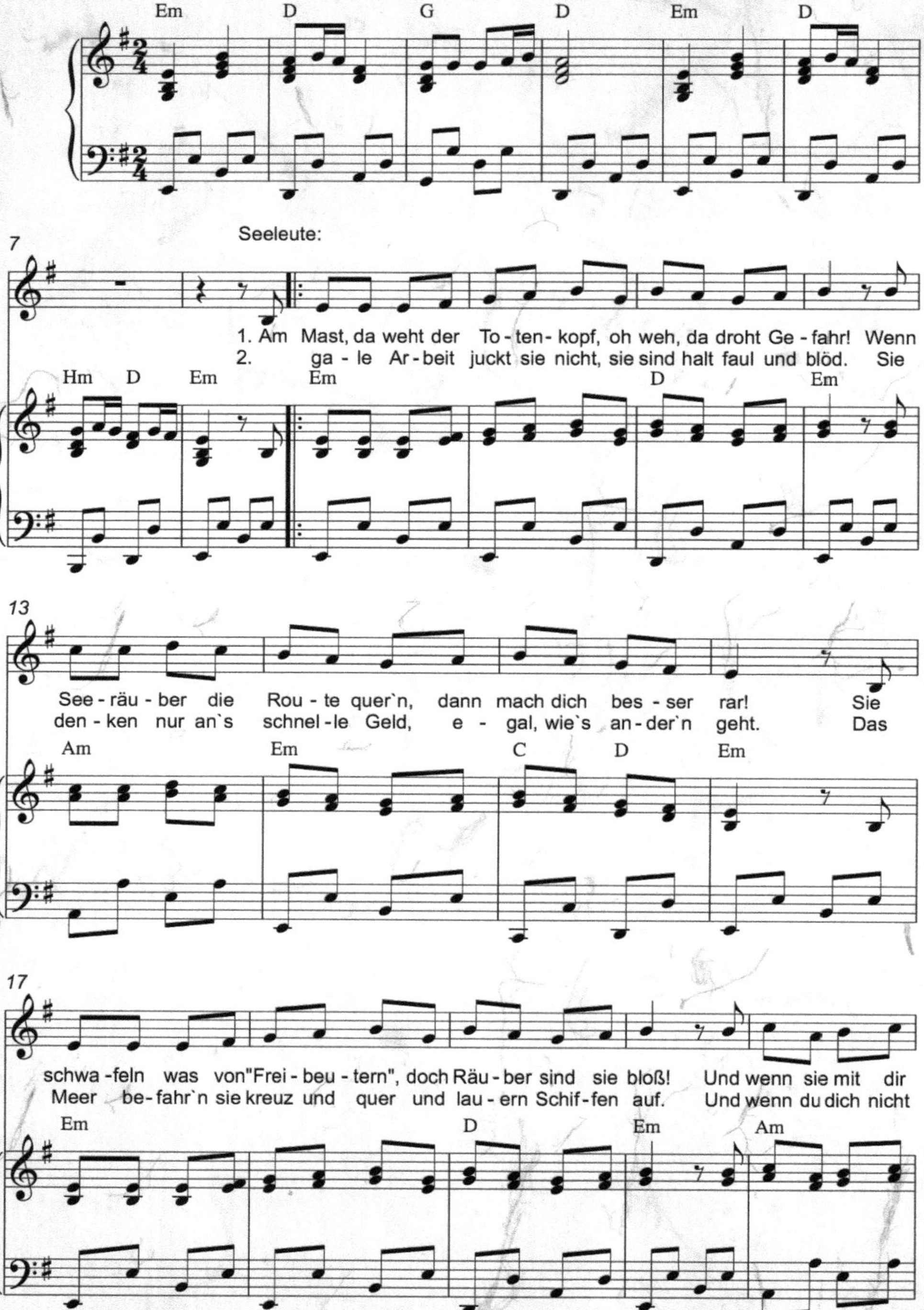

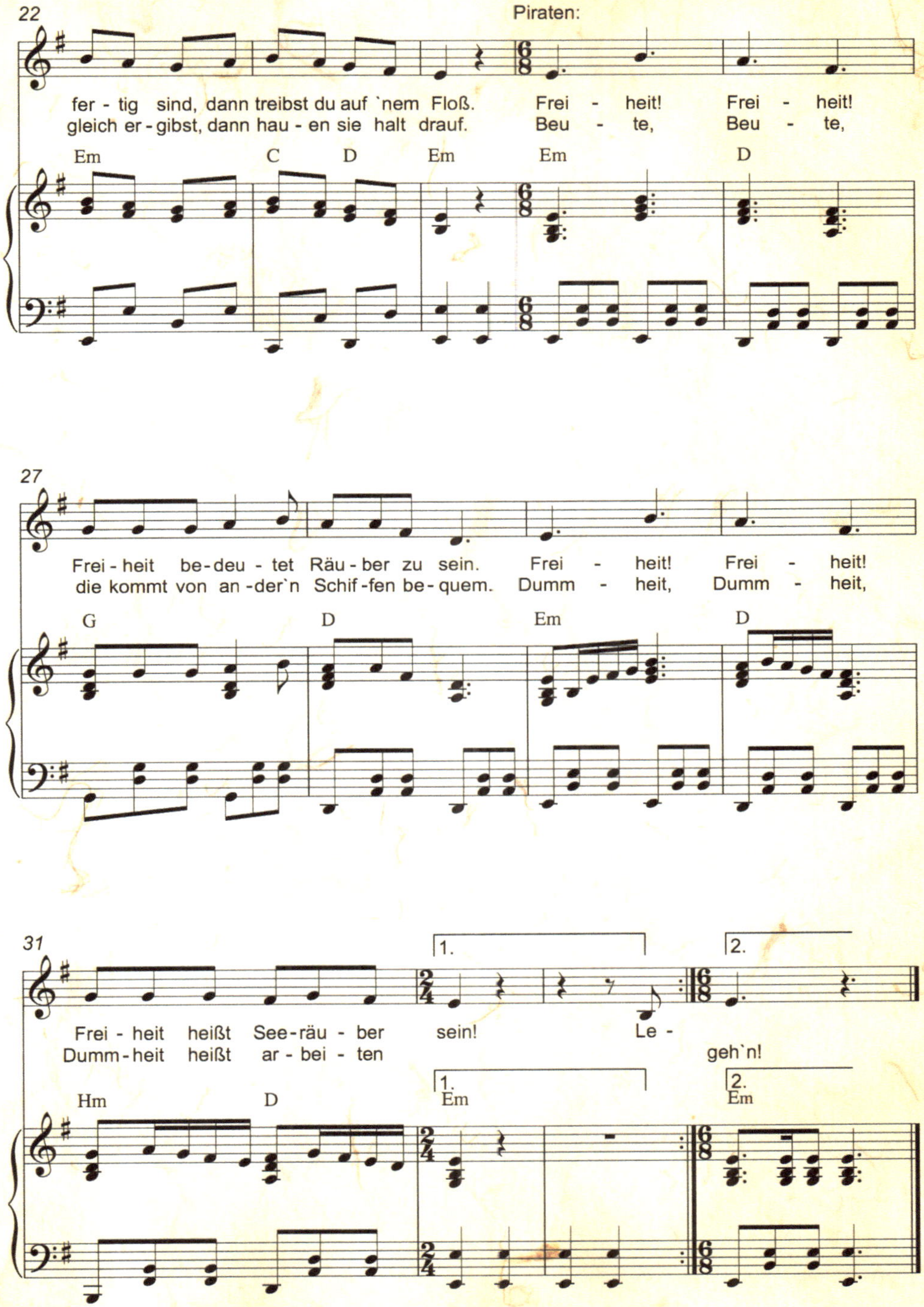
22
Piraten:
fer - tig sind, dann treibst du auf `nem Floß. Frei - heit! Frei - heit!
gleich er - gibst, dann hau - en sie halt drauf. Beu - te, Beu - te,
Em C D Em Em D
27
Frei - heit be - deu - tet Räu - ber zu sein. Frei - heit! Frei - heit!
die kommt von an - der`n Schif - fen be - quem. Dumm - heit, Dumm - heit,
G D Em D
31
1. 2.
Frei - heit heißt See - räu - ber sein! Le -
Dumm - heit heißt ar - bei - ten geh`n!
Hm D Em Em

Capitaine Malfaiteur *spricht mit französischem Akzent* Hé làbas! Isch bin Capitaine Malfaiteur und wir sind die blütrünstigste Piratenbonde des Océan! Ihr Weischeier abt das weiße Tuch ge-isst. Ergebt ihr eusch gleisch?

Käpt'n Chaos Ah, Bonjour Kapitän! Ich dachte, wir verhandeln erstmal, bevor wir uns gegenseitig die Schiffe kaputt schießen. Vielleicht können wir das ja so regeln…

Capitaine Malfaiteur Pas de problème! Gebt üns euer Schiff ünd eure Ladüng und dann fesselt eusch, damit wir euch als Sklaven verkaufen können.

Pablo Pirat *Spricht mit spanischem Akzent und droht mit dem Säbel. Das „th" wird etwa wie im Englischen ausgesprochen.* Olé! Ergebt euch oder ihr theid muerto!

Capitaine Malfaiteur *zu seiner Crew* Wir schießen ihnen am besten mal ein kleines Loch ins Schiff. Vielleischt ören sie dann auf zü diskütieren?!

Seine Crew nickt einverstanden und macht sich bereit.

Käpt'n Chaos Wasser Marsch! Werft die Wasserbeutel in die Geschützluken der Piraten!

Die Lederbeutel werden geworfen. Man hört das Platschen.

Capitaine Malfaiteur Wasser? Das eißt Feuer! Piraten, gebt ihnen eine volle Breitseite! Ouvriez le feu!

Man hört nichts oder nur ein Klicken.

Pietro Pirata *spricht mit italienischem Akzent* Capitano, da isse alle Pulvero nasse. Könne nicht schieße. Wolle entern?! *zückt den Säbel*

Charles Hut ab, William! Wozu deine Billigeinkäufe doch so alles gut sind!

Käpt'n Chaos Wie wäre es denn, wenn die zwei Kapitäne das unter sich ausmachen – Mann gegen Mann?

Pietro Pirata Isse bestimmte Tricke, capitano. Mache bessere kurze Prozesse mite die idioti!

Pablo Pirat Si! Vamos! *will drauf los*

Capitaine Malfaiteur Dü meinst wohl Mann gegen Memme, Capitaine Malfaiteur gegen Capitaine Weisch-ei und Schiff gegen Nückelpinne?!

Empörung auf der Chaos

Konrad *droht mit dem Kochlöffel* Du nennst unser Schiff Nuckelpinne?! Komm nur rüber!

Käpt'n Chaos	Viel schlimmer ist: Er hat mich Weichei genannt! Gemeinheit! Ich glaube ja, dass du ein Weichei bist, sonst hättest du schon längst dem Duell der Kapitäne zugestimmt! Aber wahrscheinlich hast du nur eine große Klappe und ansonsten genau so wenig drauf wie die Waschlappen aus deiner Crew!
	Es entsteht große Empörung auf dem Piratenschiff. Beide Crews wappnen sich zum Kampf und bewegen sich aufeinander zu.
Pietro Pirata	Porca miseria! Dase ware böses Foul!
Pablo Pirat	Wathlappe? Ich werde dich hängen an die höchthte Matht!
Capitaine Malfaiteur	Mince alors! Isch abe die Nase voll. Sag mir, wie wir kämpfen ünd isch werde dir eine leçon erteilen!
Käpt'n Chaos	Ich habe dein Wort? Wenn ich gewinne, zieht ihr Leine. Wenn du gewinnst, gehört euch mein Schiff.
	Besorgnis auf der Chaos.
Capitaine Malfaiteur	Dü ast mein Freibeuteurehrenwort. Ünd nün, lass üns kämpfen!
Käpt'n Chaos	Okay, wir spielen Vier-gewinnt!
	Die Piraten reagieren mit Unverständnis.
Capitaine Malfaiteur	Was?! Das nennst Dü kämpfen?! Isch komme dir rüber!
Käpt'n Chaos	*stoppt ihn* Ah, ah, ah! Du hast mir dein Wort gegeben! Hast du etwa Angst vor Vier-gewinnt?
Capitaine Malfaiteur	Isch abe niemals peur! Isch werd's dir zeigen! Alors, lass üns spielen.
	Zwischen den Relingen wird das Spiel aufgebaut. Das Spiel beginnt. Die Mannschaften sehen gebannt zu und fiebern mit.
Capitaine Malfaiteur	Trois! Drei! Isch abe gewonnen! Victoire!
Piraten	Hurra!
	Die Chaosbesatzung schaut sich verwundert an.

Käpt'n Chaos	Ihr wisst schon, dass das Spiel V i e r–gewinnt heißt?
Piraten	*enttäuscht* Oh!
Capitaine Malfaiteur	Ah oui, isch vergaß. Alors, mach weiter!
Käpt'n Chaos	*ruft nach ein paar weiteren Zügen* Vier! Jawoll! Wir haben gewonnen!
Matrosen	Hurra! Wir sind frei!
Pablo Pirat	Mierda!
Pietro Pirata	Stronzo!
Capitaine Malfaiteur	Merde! Das lassen wir üns nischt bieten! Aux armes! Wir entern!
Käpt'n Chaos	*ruft* Lukas, rette uns!

Man hört die Kanone und evtl. Wasser und Sinkgeräusche.

Käpt'n Chaos	*ruft* Gut gemacht, Lukas! Das saß!
Pablo Pirat	*schaut die Reling hinunter* Ombres, ich glaube, wir sind getroffen. Ich hole die kleine Rettungsboot.

Panik auf dem Piratenschiff.

Pietro Pirata	Ohoh!
Capitaine Malfaiteur	Isch kann es nischt glauben! Sie aben üns ünsere Schiff kapütt geschossen! Wir sinken. Ilfe! Ilfe! Rette sisch wer kann!
Piraten	Aaaaah!!

Szene 11

Der Sturm

Szenenmaterial:

Gewitterkulisse mit Licht und Geräuschen inszenieren
Kulisse Bord des Schiffes
Schiffselemente
Kisten
Seile
Fernrohr

Anmerkungen:

Das Licht wird im Laufe der Szene immer weiter heruntergedimmt. Blitze flackern auf. Sturmgeräusche nehmen zu.

Charles — Na, da hatten wir aber echt Glück, dass wir aus dieser Piratengeschichte nochmal heraus gekommen sind!

Käpt'n Chaos — Ach, das war alles Können!

Die Crew reagiert etwas verwundert.

Max — Hauptsache, wir sind unversehrt geblieben.

Moritz — Jetzt sollte der Rest der Fahrt eigentlich laufen, oder?

Konras — Ja, was soll jetzt noch Schlimmes geschehen, nach dem, was wir jetzt schon alles erlebt haben? Schatzinsel, wir kommen!

Alle nicken und sind guter Laune.

Charles Ja, so weit kann es auch gar nicht mehr sein, laut der Karte.

Max Sofern die Karte überhaupt eine richtige Schatzkarte ist und kein Touristennepp.

Die Crew und Charles nicken und stimmen zu.

Moritz Vielleicht landen wir ja bei irgendeinem Verkaufsstand...

Lukas *vom Ausguck* Jungs, wenn ich euren netten Plausch mal kurz unterbrechen dürfte: Diese dunklen Wolken im Südwesten kommen bedrohlich näher. Ich fürchte ein Sturm kommt auf.

Alle schauen in Richtung Südwesten. Moritz später auch.

Charles Tatsächlich! Er kommt rasch näher und das sieht nicht gut aus.

Käpt'n Chaos Oh je, auch das noch! Das sind Gewitterwolken. Zurrt alles fest und holt die Segel ein! Das könnte ungemütlich werden.

Die Seeleute laufen geschäftig über die Bühne und sichern das Schiff. Es wird dunkler und man hört Sturmgeräusche, die immer lauter werden. Schließlich wird die Besatzung hin und her geworfen.

Konrad Haltet euch bloß fest!

Max Das wird ungemütlich!

Käpt'n Chaos Versucht, den Kurs beizubehalten! Die See ist hier unsicher.

Charles Wie bitte? Was hast Du gesagt?

Käpt'n Chaos *lauter* Ich sagte: Versucht den Kurs beizubehalten! Die See ist hier unsicher.

Max Ich kann das Ruder nicht mehr halten. Der Sturm macht mit dem Schiff, was er will.

Lukas Achtung! Da ist ein Riff voraus!

Max Wie bitte? Was hast Du gesagt?

Lukas Ich sagte: Achtung! Da ist ein… *Man hört ein krachendes Geräusch.*

Käpt'n Chaos Rette sich wer kann! Wir sinken!

Alle Aaaah!!

Das Licht geht aus.

Szene 12

Auf der Schatzinsel

Szenenmaterial:

Kulisse an einem Strand
Wrackteile
(nur ein Schiffselement und Brett mit dem Namen des Schiffes Chaos)
Schatzkiste gefüllt mit Schätzen
großer Mantel
(mit diversen Sonnenbrillen und Früchten bestückt)
Ananas
Kokosnuss

Anmerkungen:

Die Chaos-Crew liegt durcheinander zwischen und unter Wrackteilen am Strand. Sie wachen langsam auf, halten ihre schmerzenden Körperteile und wringen ihre nasse Kleidung aus.

Max — Aahh!

Lukas — Uuhh!

Moritz — Oohh!

Konrad — Aua! Mir tut alles weh!

Charles — Was für ein Höllensturm! Das Schiff ist hinüber...sind denn alle von der Mannschaft noch da?

Alle antworten lädiert und niedergeschlagen. Sie rappeln sich langsam auf.

Max — Ay.

Lukas Ay.

Moritz Ay.

Konrad Ay.

Käpt'n Chaos *wird auch wach* Das ist ja super, alle noch da. Aber was sagst du da? Das Schiff ist gesunken?! Die Chaos zerstört?! *findet ein Brett mit dem Namen des Schiffes darauf* Oh nein, es stimmt! Ich bin am Ende. Mein ganzer Besitz, mein ganzer Stolz. Was soll ich denn jetzt machen? Ein Käpt'n ohne Schiff?!

10. Lied: Ein Schiff, das meinen Namen trug

Der Rest der Mannschaft hört traurig zu und versucht, den Käpt'n etwas zu trösten. Am Ende des Liedes bricht der Käpt'n zusammen und wird von der Crew aufgefangen. Nach dem Lied kommt Bob Happy aus dem Hintergrund.

10. Ein Schiff, das meinen Namen trug

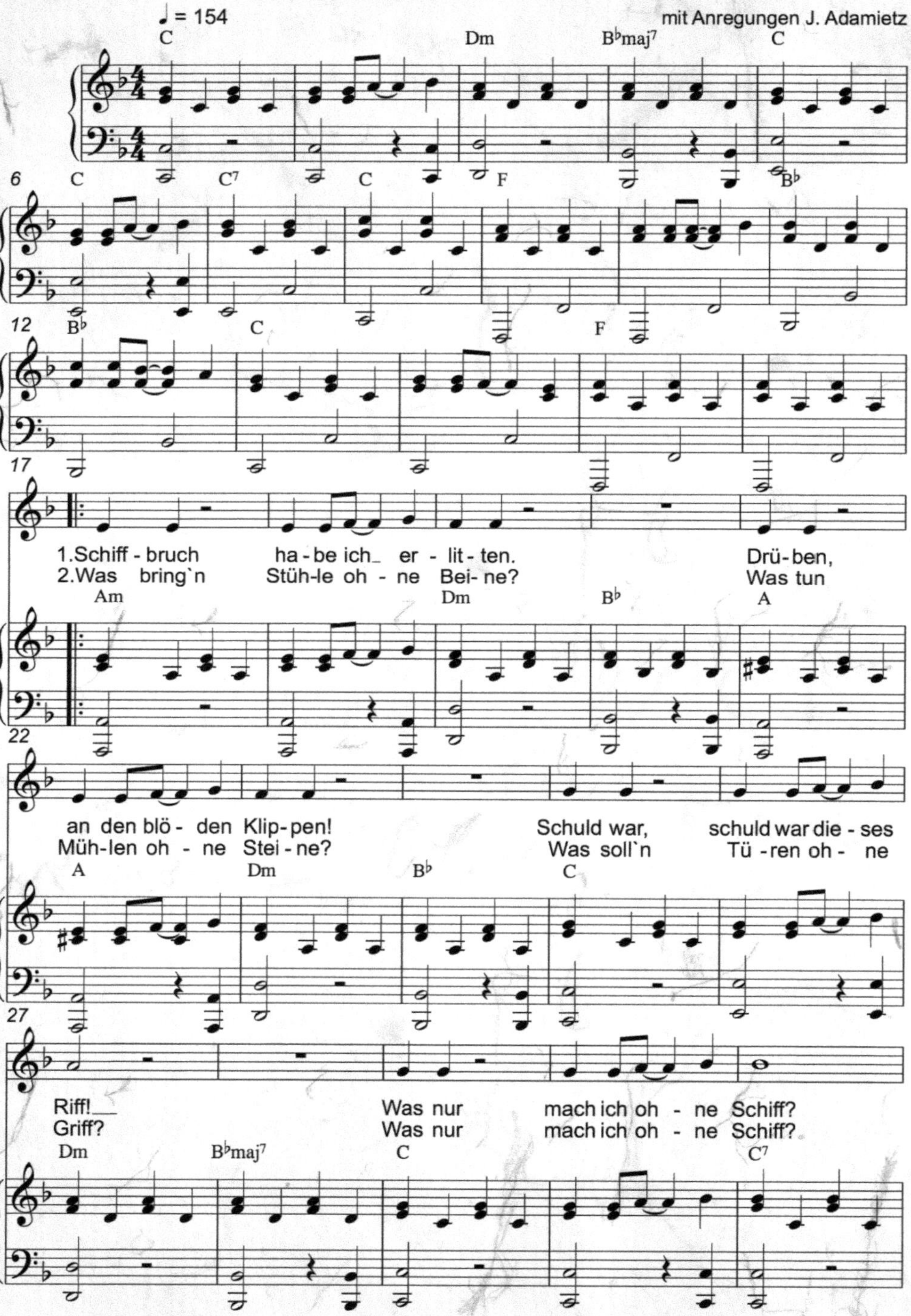

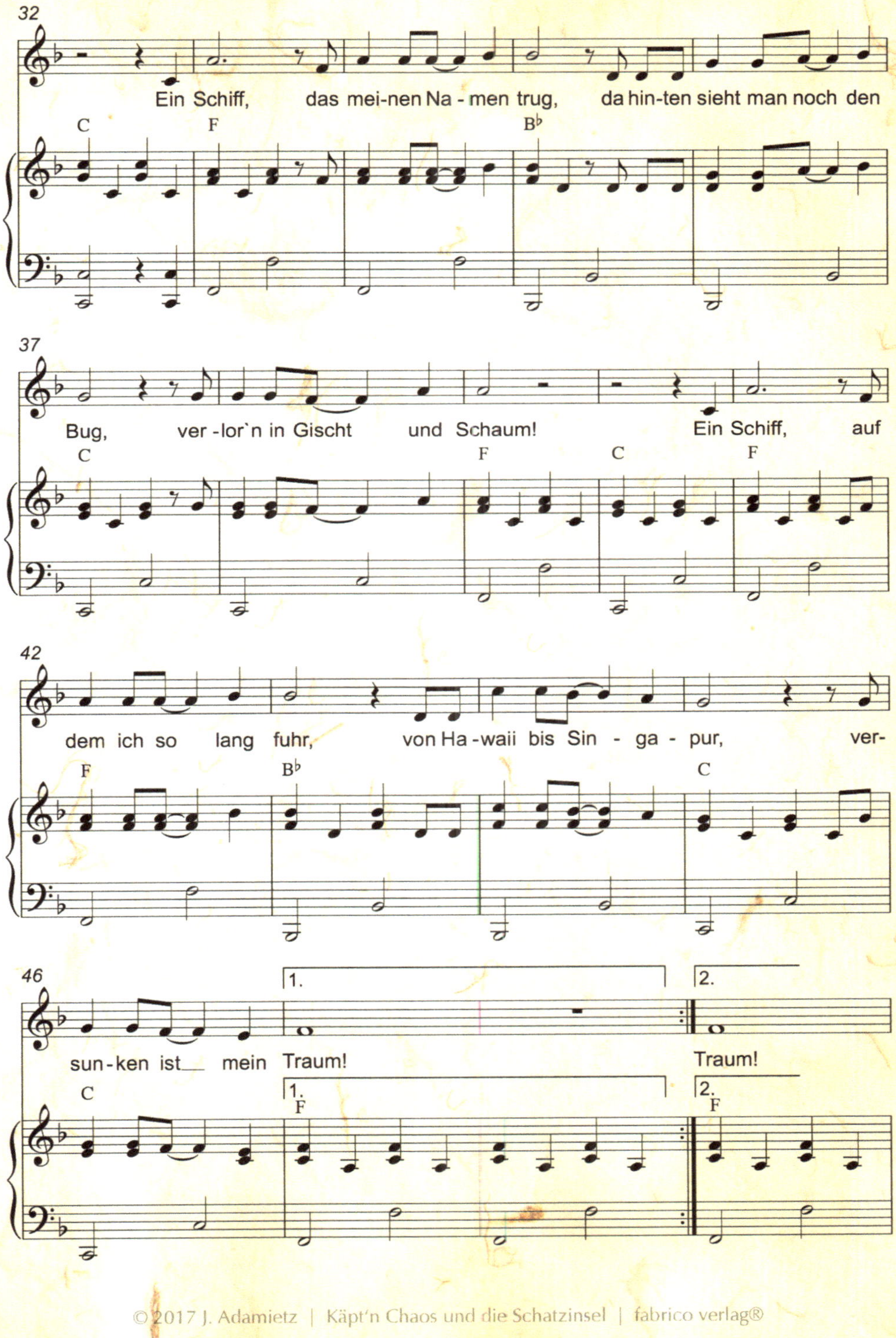
32
Ein Schiff, das mei-nen Na - men trug, da hin-ten sieht man noch den
C F B♭
37
Bug, ver - lor`n in Gischt und Schaum! Ein Schiff, auf
C F C F
42
dem ich so lang fuhr, von Ha - waii bis Sin - ga - pur, ver-
F B♭ C
46
1. 2.
sun-ken ist mein Traum! Traum!
C F F

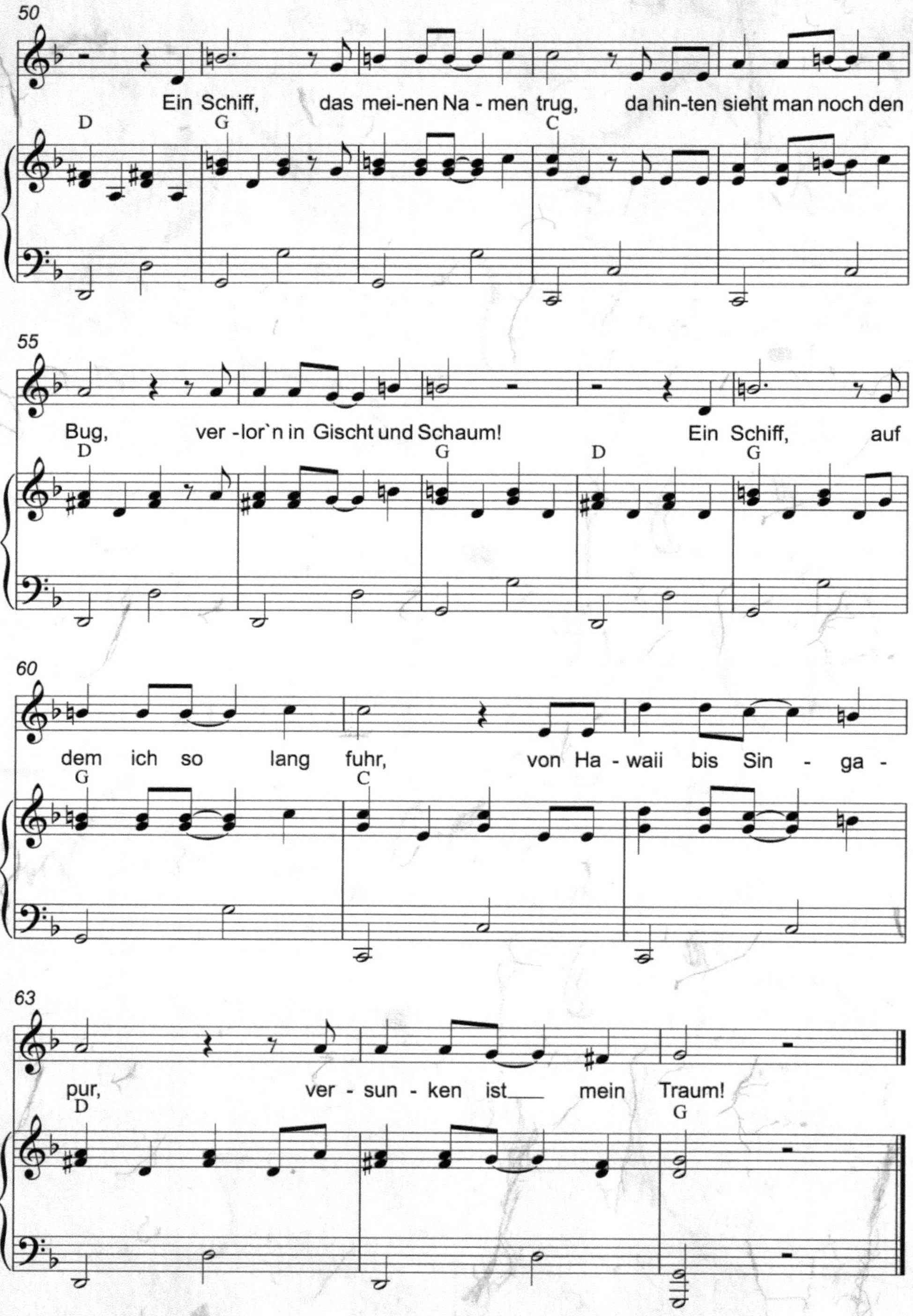
50
Ein Schiff, das mei-nen Na - men trug, da hin-ten sieht man noch den
D G C
55
Bug, ver-lor`n in Gischt und Schaum! Ein Schiff, auf
D G D G
60
dem ich so lang fuhr, von Ha - waii bis Sin - ga -
G C
63
pur, ver - sun - ken ist___ mein Traum!
D G

Bob Happy — Ey Jungs! Was geht denn bei euch? Ihr seht so ein bisschen deprimiert aus. Was los? Das liegt bestimmt daran, dass ihr hier an unserem megageilen Strand rumhängt und noch nicht mal Sonnenbrillen dabei habt. Da wär' ich bestimmt auch schlecht drauf. Aber kein Problem Jungs, ich kann euch welche verticken. *öffnet seine Mantelinnenseite und zeigt verschiedene Sonnenbrillen* Wolle Brille kaufen? Drei lausige pazifische Franc und wir sind im Geschäft.

Alle lehnen traurig ab.

Charles — Guter Mann...

Bob Happy — *unterbricht ihn* Yoh man, Bob Happy mein Name.

Charles — Wir haben gerade Schiffbruch erlitten und haben alles verloren außer dem, was wir vielleicht noch in den Hosentaschen haben.

Bob Happy — Dann seid ihr bestimmt hungrig und wollt mir vielleicht eine Kokosnuss oder etwas Obst abkaufen! Coconut! Pineapple! *ruft wie ein fahrender Händler, öffnet seine andere Mantelinnenseite und zeigt Kokosnuss und Ananas*

Die anderen schauen ihn nur traurig an und schütteln den Kopf, seufzen, lassen den Kopf hängen.

Konrad — Lass gut sein!

Bob Happy — Jungs, das geht so nicht weiter. Wir müssen da was machen! Ihr könnt bei uns auf der Insel nicht so viel Trübsal blasen. Ich werd' euch das mal erklären.

11. Lied: Bei uns auf der Insel

Während des Liedes hellen sich die Mienen auf. Die Matrosen beginnen erst mitzuwippen, dann tanzen sie mit. Am Ende des Liedes ist die Stimmung ausgelassen. Käpt'n Chaos bleibt apathisch am Rande sitzen.

11. Bei uns auf der Insel

J. Adamietz mit Dank an M. Ballmeier

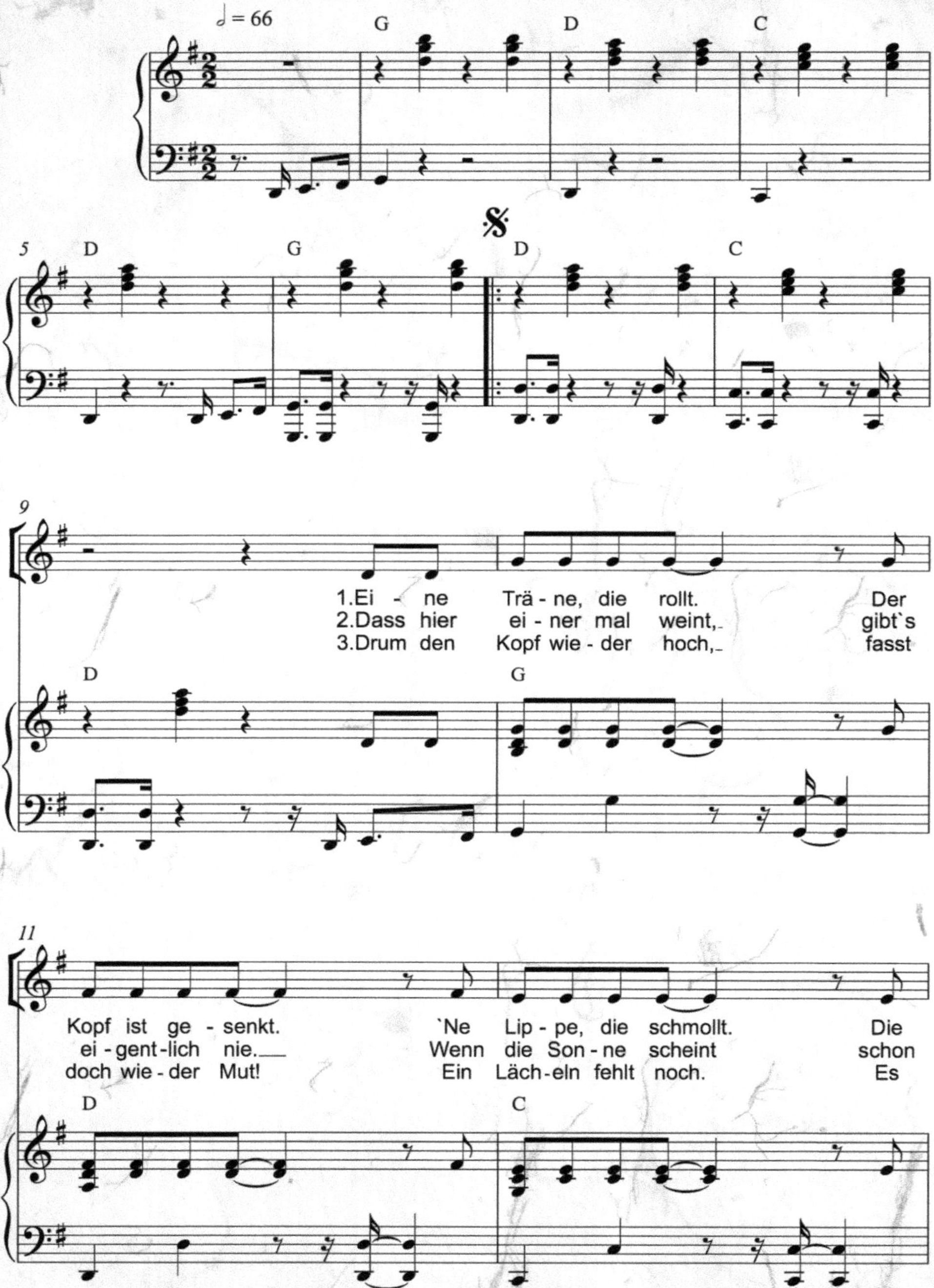

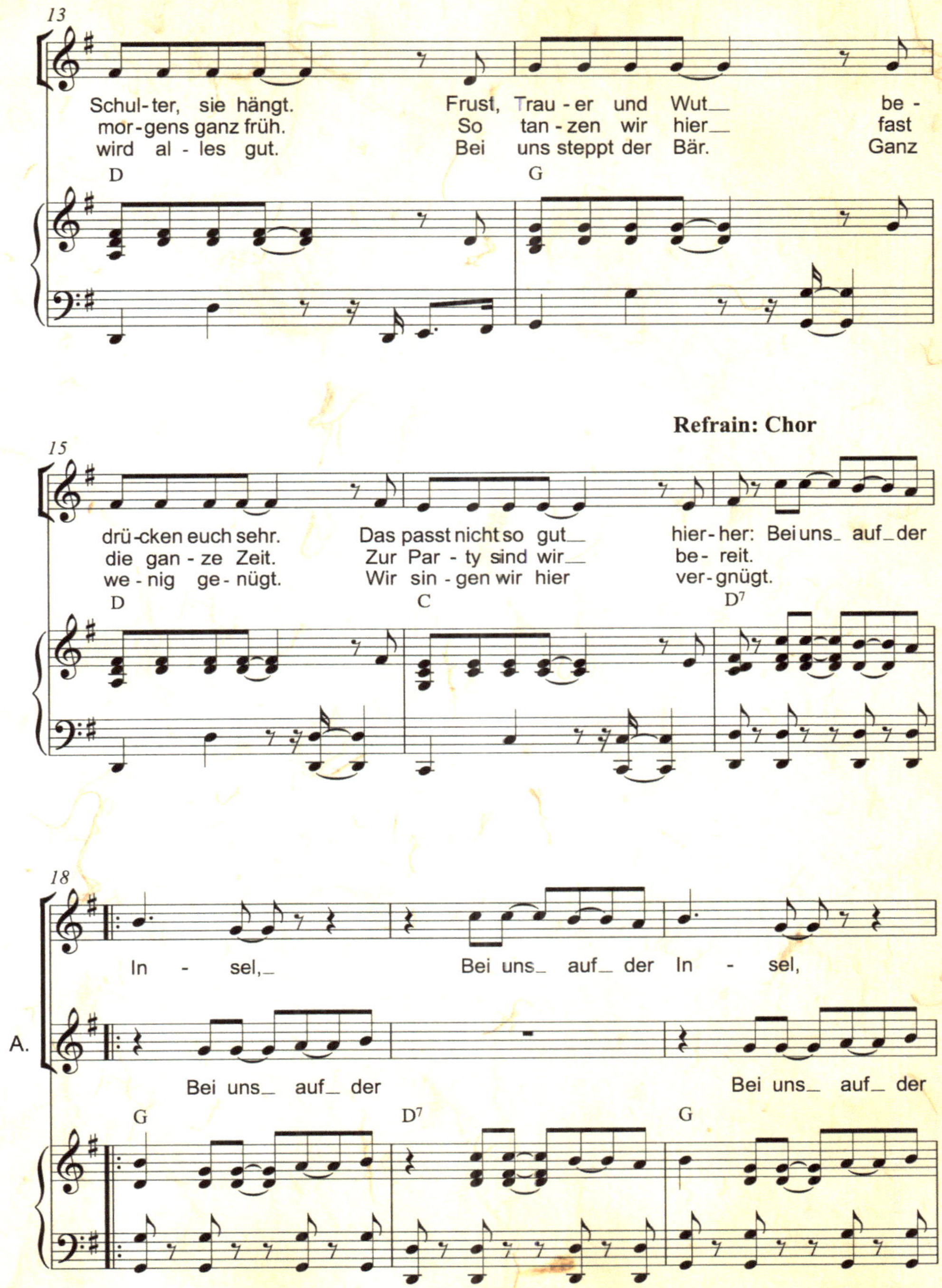
13
Schul-ter, sie hängt. Frust, Trau-er und Wut be-
mor-gens ganz früh. So tan-zen wir hier fast
wird al-les gut. Bei uns steppt der Bär. Ganz
D
G
Refrain: Chor
15
drü-cken euch sehr. Das passt nicht so gut hier-her: Bei uns auf der
die gan-ze Zeit. Zur Par-ty sind wir be-reit.
we-nig ge-nügt. Wir sin-gen wir hier ver-gnügt.
D
C
D7
18
In-sel, Bei uns auf der In-sel,
A.
Bei uns auf der Bei uns auf der
G
D7
G

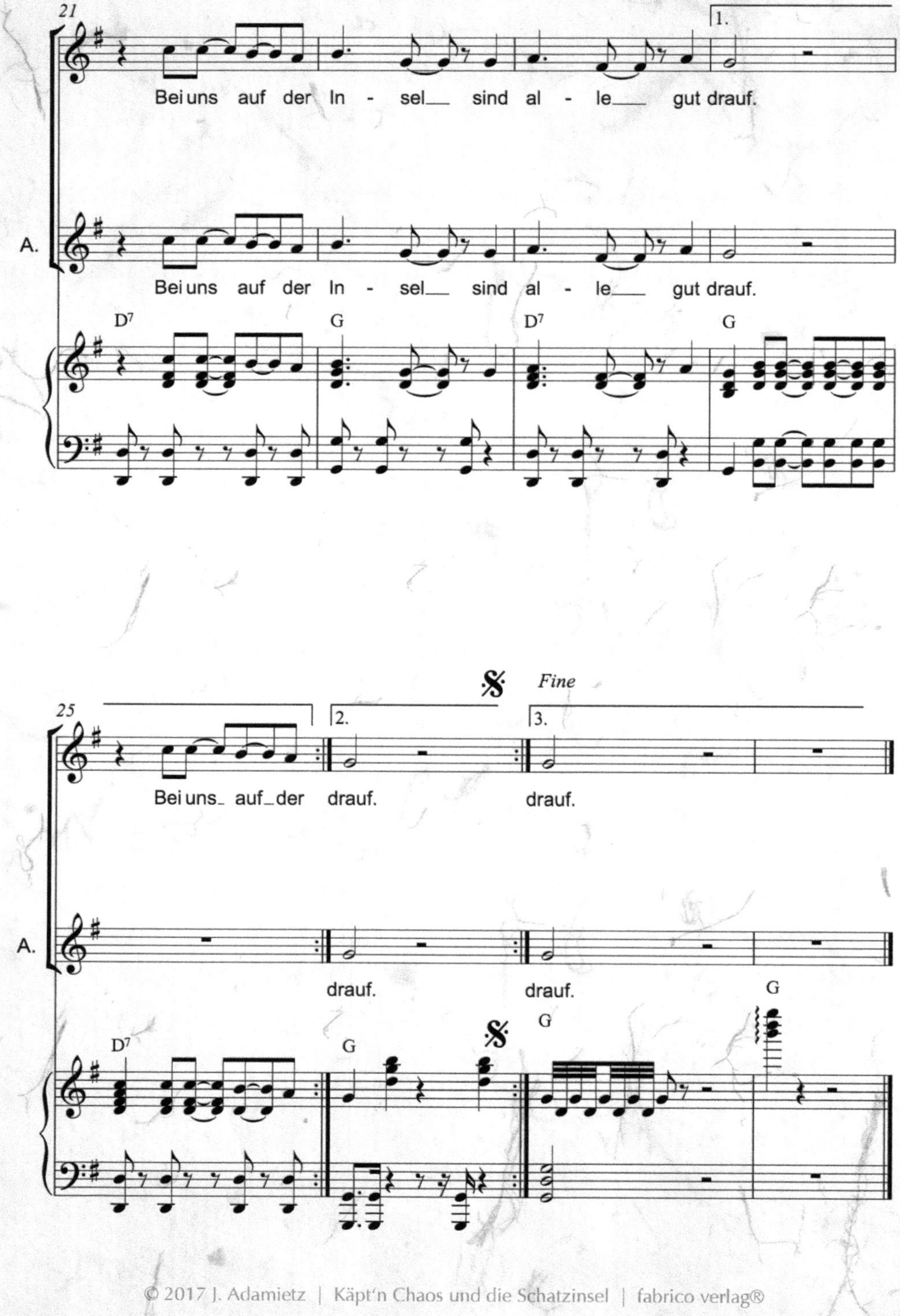
21
1.
Bei uns auf der In - sel sind al - le gut drauf.
A.
Bei uns auf der In - sel sind al - le gut drauf.
D7 G D7 G
25
Fine
2.
3.
Bei uns auf der drauf. drauf.
A.
drauf. drauf.
D7 G G G

Am Ende des Liedes steht Käpt'n Chaos verträumt auf und lauscht. Im Hintergrund fängt das Vorspiel zum Lied der Meerjungfrauen an (12. Lied: Lied der Meerjungfrauen (zweite Begegnung)).

Käpt'n Chaos Hört ihr das?

Konrad Ja klar, Mann! *klatscht mit Bob Happy ab* Die haben echt abgefahrene Mucke hier auf der Insel!

Bob Happy Yoh, man!

Bob Happy bringt der Mannschaft einen Teil der Choregraphie des letzten Liedes bei. Käpt'n Chaos entfernt sich wie in Trance von der Gruppe, das Lied der Meerjungfrauen wird lauter. Die Crew schaut ihm hinterher.

Moritz Jetzt ist er völlig durchgedreht.

Max Das war zu viel, das mit dem Schiff.

Lukas Armer Käpt'n Chaos! Da geht er dahin!

12. Lied: Lied der Meerjungfrauen (zweite Begegnung)

12. Das Lied der Meerjungfrauen

(zweite Begegnung)

basierend auf R.Wagner, Rheingold

J. Adamietz

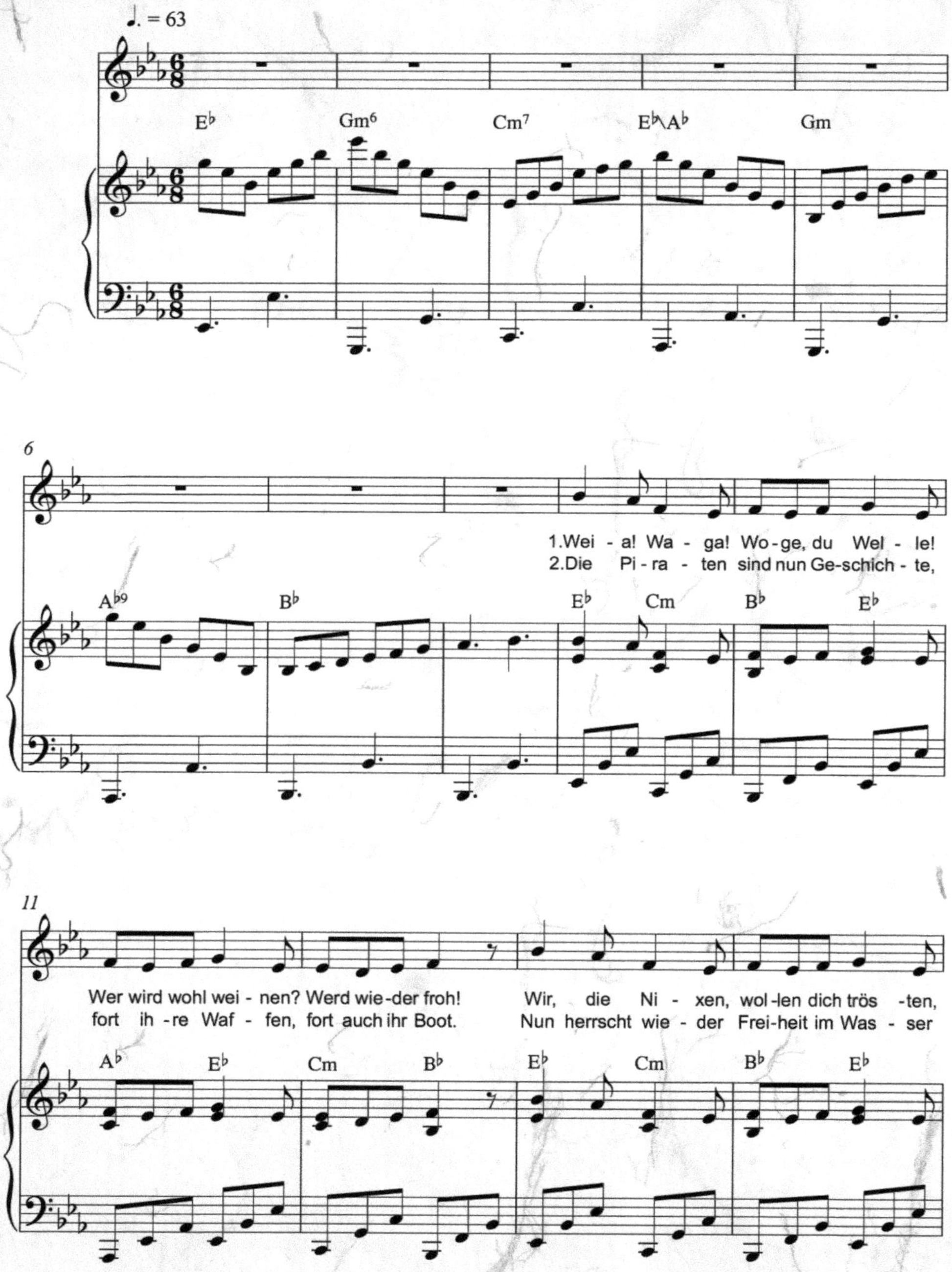

Refrain (beim 2. Mal wiederholt)

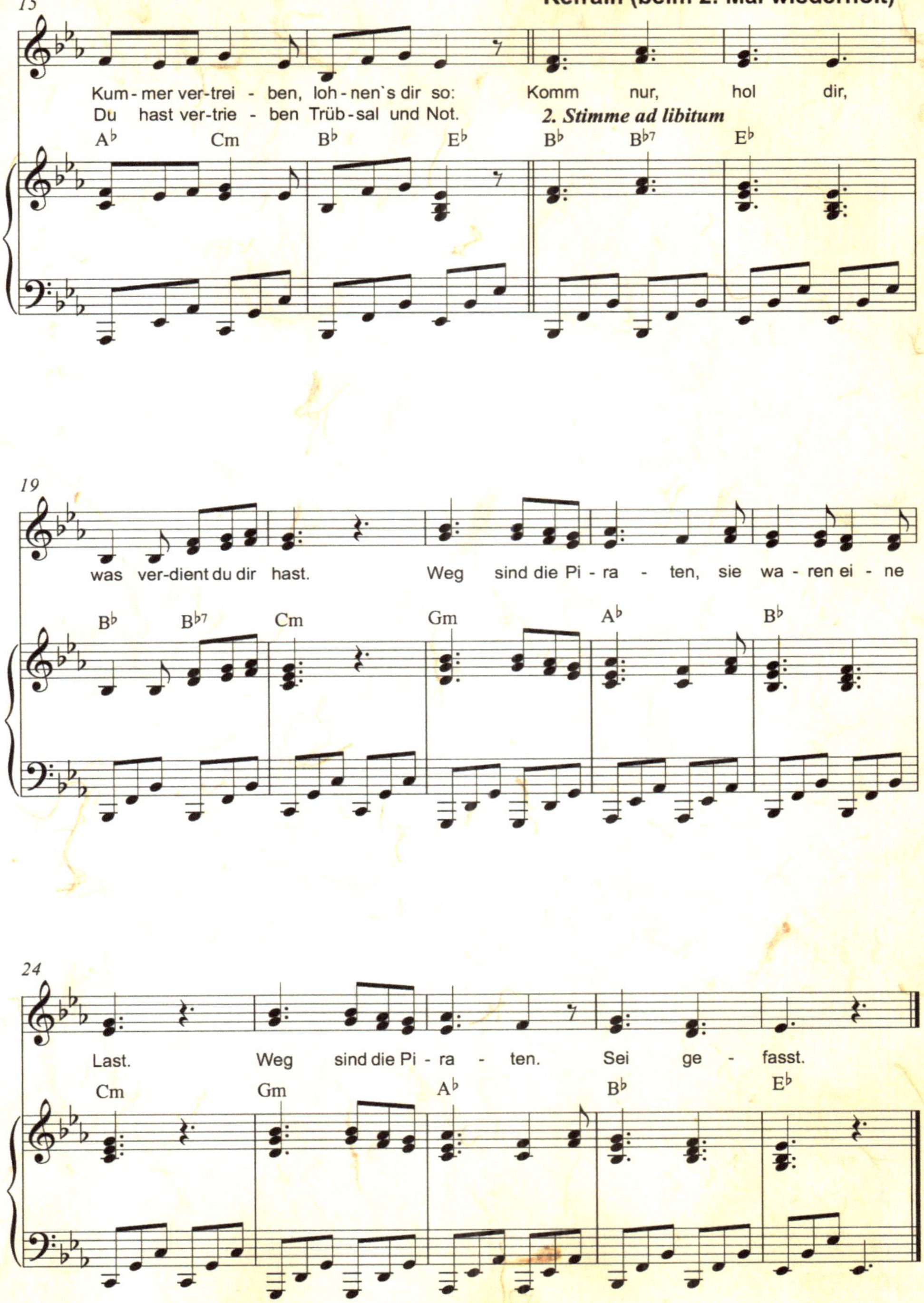

Käpt'n Chaos ist von der Bühne verschwunden. Man hört ihn aufgeregt aus dem Bühnenhintergrund rufen.

Käpt'n Chaos Hey, Jungs! Ich hab' ihn! Ich hab' ihn!

Der Rest der Mannschaft greift sich an den Kopf, schüttelt den Kopf.

Konrad *macht sich über ihn lustig* Ja klar, er hat ihn…

Charles Tja, schade! Was so ein Sturm aus einem Menschen machen kann…

Käpt'n Chaos *schleift eine Schatzkiste auf die Bühne* Im Ernst! Ich habe den Schatz gefunden!! Die Meerjungfrauen haben mir den Weg gewiesen. Hier in der Grotte. Helft mir tragen!

Konrad Er hat ihn, den Schatz! Den hatten wir ja ganz vergessen. Dann sind wir auf der Schatzinsel gestrandet!

Alle anderen werden ganz aufgeregt und einige eilen ihm entgegen. Sie schleppen die Kiste mühsam auf die Bühne.

Charles Ich brech' ab!

Moritz Hurra! Die Schatzkarte war doch echt!

Lukas Warte! Wir helfen dir!

Sie schauen in die Kiste und fördern Schätze hervor. Es herrscht allgemeines Staunen.

Max Wow! So viel Geld!

Charles Wir sind reich!

Bob Happy Hey, die Jungs sind voll krass! Eben noch bettelarm und nun superreich. Da wollt ihr mir doch bestimmt eine Sonnenbrille abkaufen!

Lukas kauft ihm eine Brille ab.

Käpt'n Chaos Jetzt kann ich ein neues Schiff kaufen und ausrüsten und bin wieder Kapitän! Und für jeden von euch ist auch noch so viel Geld drin, dass ihr euch ein Haus kaufen könnt und dort bis ans Ende eures Lebens einen faulen Lenz schieben könnt.

Charles	Nichts da! Haus kaufen und niederlassen! Wenn du nichts dagegen hast, werde ich dich auf der neuen Chaos begleiten.
Lukas	Genau! Und ich komme auch mit! Für das Geld kriegen wir bestimmt ein paar schicke Extras. Vielleicht ein versilbertes Geländer auf dem Ausguck…
Moritz	Und dann haben wir auch wieder ganz viele Geschütze und brauchen keine Wasserbomben mehr!
Konrad	Ich lasse mir dann eine nigelnagelneue Einbauküche einbauen.
Bob Happy	Hey, das hört sich echt abgefahren an. Hättet ihr noch ein Plätzchen frei? Das Geschäft mit den Sonnenbrillen läuft im Moment nicht so.
Max	Na klar! Und dann segeln wir bis ans Ende der Welt!

13. Lied: Hey Käpt'n Chaos

Ende.

13. Hey Käpt'n Chaos

J. Adamietz

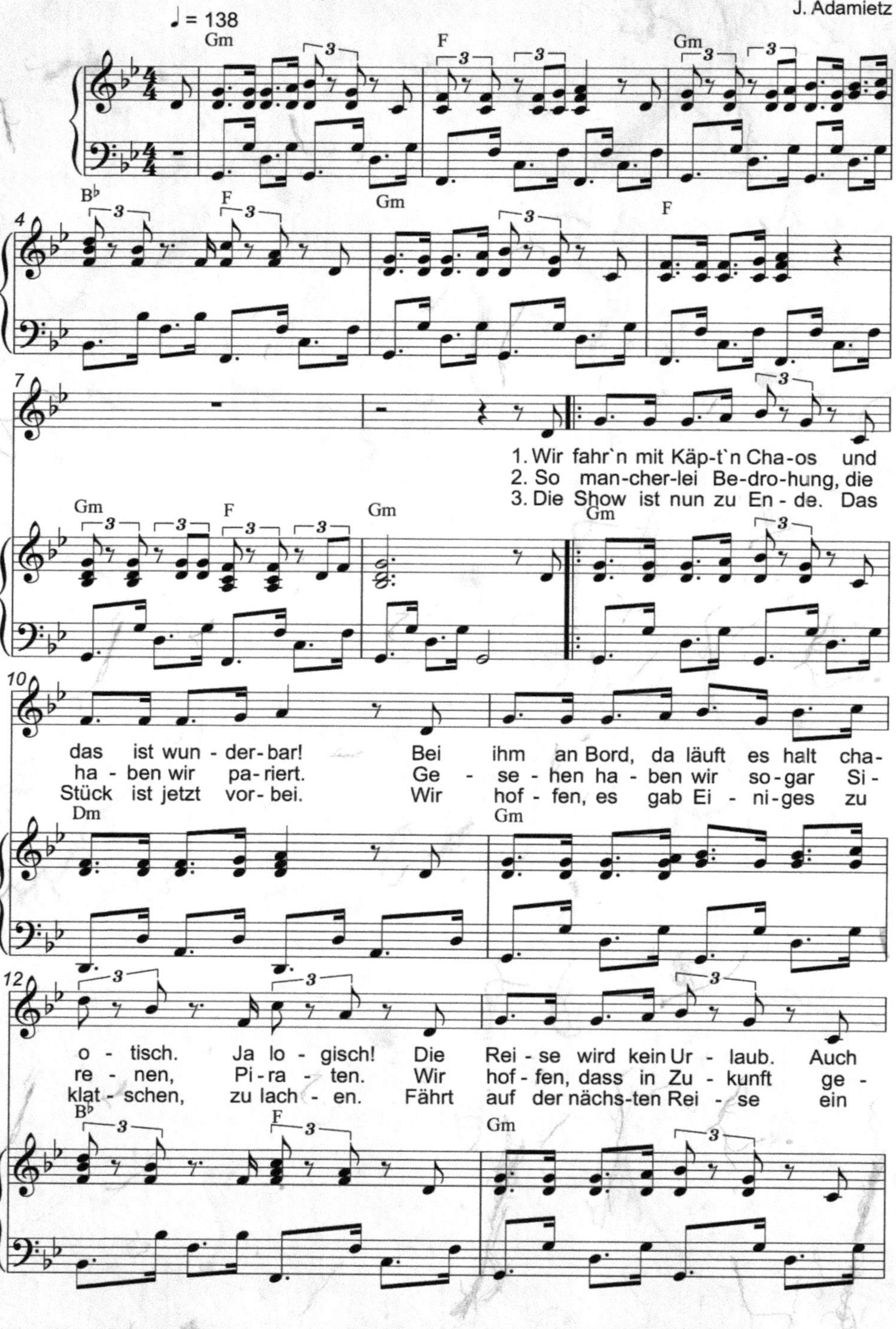

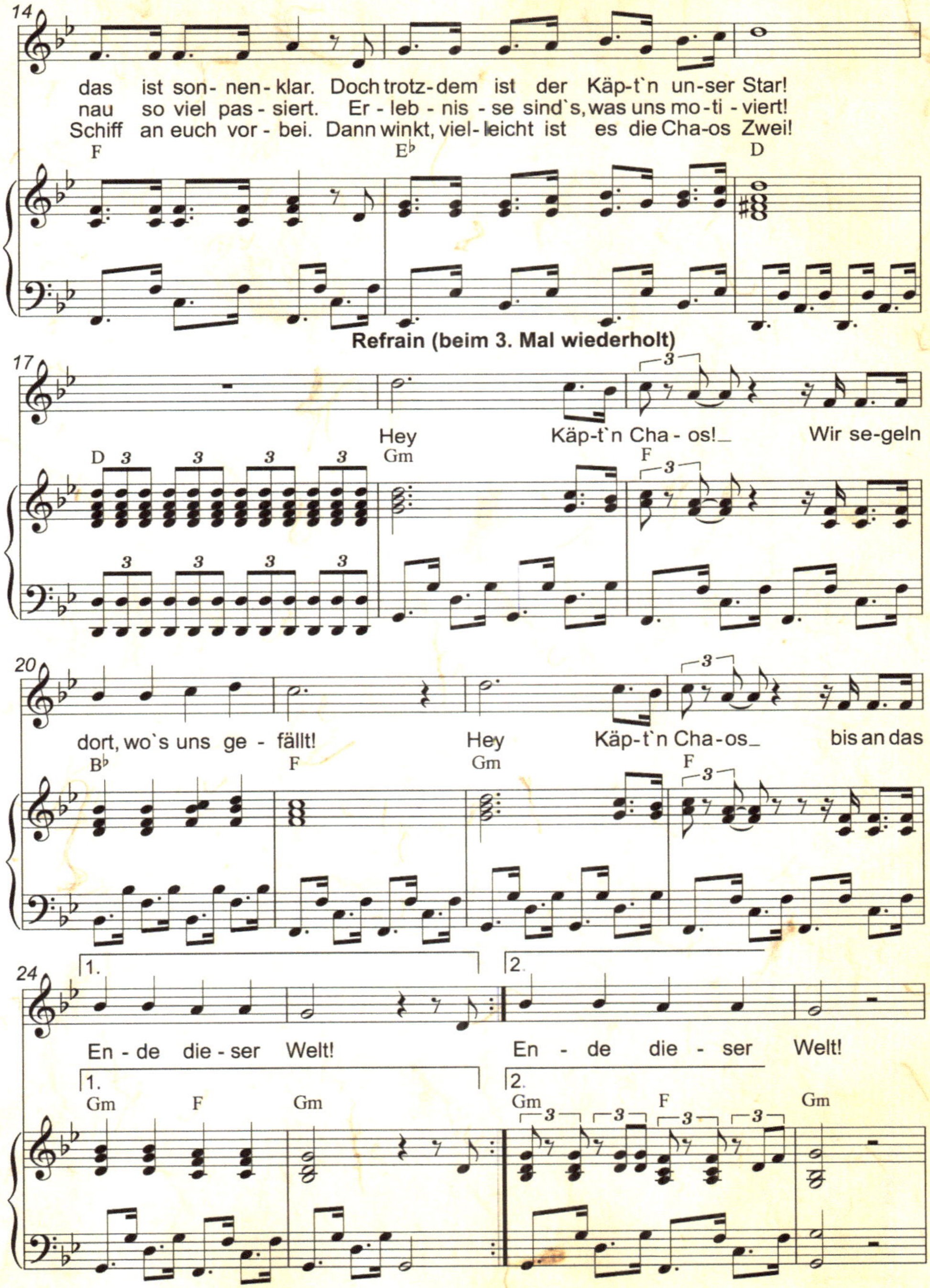
14
das ist son- nen- klar. Doch trotz- dem ist der Käp-t`n un-ser Star!
nau so viel pas- siert. Er - leb - nis - se sind`s, was uns mo - ti - viert!
Schiff an euch vor - bei. Dann winkt, viel- leicht ist es die Cha-os Zwei!
F
E♭
D
Refrain (beim 3. Mal wiederholt)
17
Hey Käp-t`n Cha - os! Wir se-geln
D
Gm
F
20
dort, wo`s uns ge - fällt! Hey Käp-t`n Cha-os bis an das
B♭
F
Gm
F
24
1.
2.
En - de die - ser Welt! En - de die - ser Welt!
Gm
F
Gm
Gm
F
Gm

Rollenverteilung

Rolle	Szene 1	Szene 2	Szene 3	Szene 4	Szene 5	Szene 6	Szene 7	Szene 8
Chor	x		x		x	x	x	
Käpt'n Chaos	x	x	x	x	x	x	x	
1. Matrose	x							
2. Matrose	x							
3. Matrose	x							
4. Matrose	x							
Charles (1. Offizier)	x	x	x	x	x	x	x	
Konrad der Koch (Crew)		x/Solo		x			x/Solo	x
Lukas Leichtmatrose (Crew)		x/Solo		x			x/Solo	x
Max der alte Seebär (Crew)		x/Solo		x			x	x
Moritz Möchtegernseemann (Crew)		x/Solo		x			x/Solo	x
Spieler 1			x					
Spieler 2			x					
Wirt			x					
Händler				x				
Old Oracle					x			
1. Meerjungfrau						x		
2. Meerjungfrau						x		
3. Meerjungfrau						x		
Fremdenführer								x
1. Touristin								x
2. Touristin								x
Papa								x
Klein Klaus								x
Klein Karl								x
Mama								x
Verkäufer								x
1. Sirene								
2. Sirene								
3. Sirene								
Capitaine Malfaiteur								
Pablo Pirat								
Pietro Pirata								
Bob Happy								

Szene 9	Szene 10	Szene 11	Szene 12	Besetzung, Umfang, Anforderung
x	x		x	insgesamt 12 Lieder, z. T. zweistimmig und mehrstrophig
x	x	x	x/Solo	*Hauptrolle*, viel Text und Bühnenpräsenz, herausfordernd, Sologesang
				Nebenrollen mit wenig Text und Bühnenpräsenz im Einzelfall, Mehrfachbesetzungen mit anderen Rollen sind möglich, dann z.T. herausfordernd aufgrund der unterschiedlichen Charakterdarstellungen
x	x	x	x	*Hauptrolle*, viel Text und Bühnenpräsenz, herausfordernd
x	x	x	x	
x	x	x	x	*Hauptrollen*, mäßig viel Text, Bühnenpräsenz stets als Vierergruppe „Crew", alle außer Max Sologesang
x	x	x	x	
x	x	x	x	
				Nebenrollen mit wenig Text und Bühnenpräsenz im Einzelfall, Mehrfachbesetzungen mit anderen Rollen sind möglich, dann z.T. herausfordernd aufgrund der unterschiedlichen Charakterdarstellungen
x				
x				
x				
	x			*Nebenrolle*, französischer Akzent, wenig Text, aber anspruchsvoll
	x			*Nebenrolle*, spanischer Akzent, wenig Text, aber anspruchsvoll
	x			*Nebenrolle*, italienischer Akzent, wenig Text, aber anspruchsvoll
			x/Solo	*Nebenrolle*, Mehrfachbesetzung möglich, Sologesang

Requisitenliste

Szene	Requisitien
Szene 1 *Am Pier*	Hafenkulisse, Schiffselemente, verschiedene Zettel, Geldstücke
Szene 2 *Die Musterung*	Schiffselemente, Tisch, Stuhl, Mappe mit Unterlagen, Schiffsladung mit Proviant und Ausrüstung, Kochlöffel, Fernrohr
Szene 3 *Im Klabautermann*	Kulisse einer Seemannskneipe sowie Tisch, vier Stühle, evtl. Fass, Kerze, Kartenspiel, vier Trinkbecher, Tablett und Gläser, Geldmünzen, Schatzkarte, drei Degen, Sonnenbrillen
Szene 4 *Der Aufbruch*	Hafenkulisse, Schiffselemente, diverse Proviantkisten, Schatzkarte, Geldbeutel mit Geld, Händlerausstattung
Szene 5 *Bei Old Oracle*	Kulisse eines dunklen Zimmers mit Sessel, Tisch mit leeren Flaschen und Krügen, sowie zwei Stühle, eine weitere volle Flasche Rum, Schatzkarte, ‚Kapitänslineal
Szene 6 *Die Meerjungfrauen*	Kulisse an Bord des Schiffes, Schiffselemente, Kissen, Decke, Stoff, Abendstimmung
Szene 7 *Die Flaute*	Kulisse an Bord des Schiffes, Schiffselemente, mehrere Schokoriegel der Marke ‚Bounty', Vier-gewinnt-Spiel, Trinkbecher, Flasche, Degen
Szene 8 *Der Landgang*	Kulisse zeigt Platz in einer Hafenstadt, Souvenirstand u.a. mit Halsketten und Schatzkarten, Einkaufszettel, Tüte mit Einkäufen, Geldbeutel, Schirm, Fahrkarten, Geldmünzen, Knotenbrett
Szene 9 *Die Sirenen*	Kulisse an Bord des Schiffes, Schiffselemente, Seil, Mast, Schatzkarte, Wachs für die Ohren
Szene 10 *Die Piraten*	Kulisse Reling des Schiffes sowie Reling des Piratenschiffes (Schiffselemente je aufteilen), Lederbeutel, Vier-gewinnt-Spiel, Kochlöffel, Fernrohr
Szene 11 *Der Sturm*	Gewitterkulisse mit Licht und Geräuschen inszenieren, an Bord des Schiffes (Schiffselemente), Kisten, Seile, Fernrohr
Szene 12 *Auf der Schatzinsel*	Kulisse an einem Strand, Wrackteile (nur ein Schiffselement und Brett mit dem Namen des Schiffes CHAOS), großer Mantel mit diversen Sonnenbrillen und Früchten bestückt, Schatzkiste gefüllt mit Schätzen, Ananas und Kokosnuss

Anmerkungen

Tipps für die Aufführung

Wie können Schiffe dargestellt werden?
Für die Schiffsdarstellung auf der Bühne eignet es sich, wenn man die Schiffsreling mit sechs rechteckigen Holzelementen andeutet. Für ein Holzelement verbindet man vier Holzlatten (Breite ca. 10 cm) zu einer Rechtecksform von etwa 80 cm Höhe und 100 cm Länge. Das Holzrechteck bekommt einen sicheren Stand durch zwei Füßen von ca. 20 cm Länge, die quer zur unteren Längslatte angebracht werden. Zusätzlich kann diese Form mit einem Seil mittig durchzogen werden. Eines der sechs Holzelemente sollte den Namen des Schiffes Chaos tragen, indem z.B. ein zusätzliches Schild angebracht wird. Natürlich können alle Elemente individuell durch weitere Materialien ergänzt werden.
Für die Andeutung eines Schiffes werden nun je drei Elemente hintereinander postiert, die in zwei Reihen nach vorn spitz zulaufen.
Für die Darstellung von zwei Schiffen, die sich gegenüber liegen, verteilt man die sechs Elemente so, dass jede Schiffsreling mit drei Elementen angedeutet wird.
Beim Bau der Holzelemente sollte man drauf achten, dass sie leicht und abgeschliffen sind und somit auch von Kindern gefahrlos hin- und hergetragen werden können.

Wie inszeniere ich eine räumliche Kulisse?
Als schulaufführungstauglich hat sich erwiesen, wenn man die verschiedenen Kulissen durch entsprechende Bilder oder Fotodarstellungen inszeniert, die mittels Beamer an den Bühnenhintergrund geworfen werden. Davor kann auf der Bühne der Raum mit passenden Gegenständen (Tische, Stühle, Souvenirstand u.ä.) ausgestattet werden. Nach Bedarf kann die jeweilige Szenendarstellung mit Sound- und Lichteffekten bereichert werden.

Welche Requisiten und Kostüme sind notwendig?
Die jeweiligen Haupt- und Nebenrollen sind entsprechend ihrer Funktion oder ihrer typischen Charaktereigenschaften mit Kostümen und Requisiten auszustatten, bspw. ein Kochlöffel für Lukas. Hierzu gibt das Buch einige Tipps, den Szenen jeweils voran gestellt sowie in der Requisitenliste am Buchende, die aber nach Belieben ergänzt werden können.

Welche Position und Funktion hat der Chor?

Eine wichtige Funktion im Musical hat der Chor. Von ihm wird maßgeblich die Erzählung musikalisch voran gebracht oder interpretativ ausgedeutet. Dabei übernimmt der Chor vor allem die Rolle der Schiffsmannschaft. Deshalb empfiehlt es sich, den Chor für das gesamte Musical in Matrosenkleidung auszustatten. Für eine einfache Bühnenaufführung wird der Chor auf einem seitlichen Podium platziert und steht an den Liedstellen zum Singen auf. Für erfahrenere Musicalgruppen kann der Chor natürlich auch in das Bühnengeschehen szenisch integriert werden. Hier sind der Phantasie keine Grenzen gesetzt.

Wen und was brauche ich außerdem für eine gelungene Aufführung?

Neben einer Dirigentin bzw. einem Dirigenten ist unbedingt eine fröhliche und unterstützende Person notwendig. Es lohnt sich, wenn die- bzw. derjenige in der Lage ist, zwischen den Szenen am Klavier zu improvisieren, um die jeweilige Szene aus- und die neue Situation einzuleiten. Sie bzw. er ist wichtig für ein harmonisches Zusammenspiel von Solisten, Chor und Dirigenten.

Darüber hinaus empfiehlt es sich, mehrere Jugendliche oder Erwachsene hinter der Bühne mit verschiedenen Aufgaben zu betrauen: so müssen alle Kinder in Maske und Garderobe betreut werden, Requisiten ausgeteilt, Szenen umgebaut, ggf. Mikrofonanlagen sowie sämtliche technische Abläufe gesteuert werden. Vorab erstellte organisatorische Szenenablaufpläne unterstützen diese wichtigen Aufgaben hinter der Bühne.

Und vor allem gehört dazu…

… jede Menge Spaß und Freude am gemeinsamen Musizieren und Abenteuergeschichten erzählen, eine große Portion Humor sowie kindliche Neugier auf Käpt'n Chaos, seine Crew und ihre turbulenten Reisen zu Wasser und zu Land.

Die Musical-Reihe „Käpt'n Chaos"

Seit dem Jahr 2009 sticht der chaotisch-liebevolle Kapitän mit seiner mehr oder weniger wagemutigen und gerechtigkeitsliebenden Mannschaft auf dem Schiff CHAOS in See. „Käpt'n Chaos und die Schatzinsel" eröffnete die Musical-Reihe und legte mit seinem Humor und der darin charmant verpackten Gesellschaftskritik den Grundstein für weitere musikalische Abenteuer- und Lebensgeschichten. So gehören mittlerweile die mitreißende Melodie des Schlussliedes obligatorisch zu jedem Musical dazu, genauso wie die musikalischen Szenen im „Klabautermann" – einer bei der Crew sehr beliebten Seemannskneipe.

Musikalisch findet der Komponist Johannes Adamietz einen kindgerechten, aber nicht kindlichen Ton für seine Melodien, bedient verschiedene Stile der populären und auch klassischen Musik und versteckt für den musikalischen Kenner Anleihen an bekannte Kompositionen der Vergangenheit.

Daher tragen die Musicals neben der Freude am gemeinsamen Singen und Spielen immer auch zur musikalischen und zuweilen (musik-)historischen Bildung bei. Darüber hinaus reflektieren sie humorvoll und sprachgewandt tagesaktuelle gesellschaftspolitische Ereignisse und Haltungen. Die Musicals um „Käpt'n Chaos" sind immer auch ein Spiegel der Zeit ihrer Entstehung und halten somit auch für die erwachsenen Zuhörer bedeutsame Pointen bereit.

Mit „Käpt'n Chaos und der Fliegende Holländer" (2010) verweist Johannes Adamietz auf das Figurenrepertoire des berühmten musikalischen Vorbildes, wohingegen „Käpt'n Chaos im Wilden Westen" (2011) die auch gegenwärtig wieder aktuelle Indianer- und Cowboy-Thematik mit ihren Konflikten zwischen weißen Siedlern und ansässigen Indianern aufgreift. Im Jahr 2012 unternimmt der neugierige Kapitän mit seiner Mannschaft eine Reise nach China: Stets von Geldsorgen gebeutelt, muss der Kapitän gut bezahlte Aufträge jedweder Art entgegennehmen. In diesem Fall gilt es, eine wertvolle Fracht unversehrt und pünktlich nach China zu bringen, gelingt dies nicht, so haftet Kapitän samt Crew mit Leib und Leben. („Käpt'n Chaos und der vielleicht allerletzte Kaiser", 2012). Waren die bisherigen Kindermusicals vor allem durch vom Klavier begleitete, überwiegend ein- oder zweistimmige Chorlieder im Wechsel mit Sprechphasen geprägt, so betreten Komponist Johannes Adamietz und Arrangeur Martin Ballmeier mit der China-Reise nun auch musikalisches Neuland: Es entsteht ein Musical mit Chor- und deutlich mehr Solopartien sowie unterhaltsamen Tanzeinlagen, begleitet von einem Musical-Orchester – also ganz dem Musical-Genre verhaftet.

Diese große Besetzung wird mit dem folgenden Musical „Käpt'n Chaos erzählt die Weihnachtsgeschichte" (2013) passend zur gewählten Thematik wieder von der bekannten, schlichten Anlage und Gestaltung abgelöst. Mit „Käpt'n Chaos – Staatsfeind wider Willen" (2014) verarbeitet der Autor und Komponist in seiner Abenteuererzählung Ursachen, Auswirkungen und historisch-politische Haltungen der Französischen Revolution. Mittlerweile haben sich in musikalischer Hinsicht Solo- oder Ensemblepartien neben eingängigen Chorliedern fest etabliert. Songs aus dem HipHop-Bereich sowie Pop-Balladen stehen neben Parakompositionen der Barockzeit. In jedem Fall sind es stets Lieder mit Ohrwurmcharakter für Jung und Alt.

„Käpt'n Chaos in den Fängen des Schicksals" erzählt die nunmehr siebte Geschichte um den chaotisch-liebevollen Kapitän und seine Crew. Sie wird im März 2017 am Landgraf-Ludwigs-Gymnasium in Gießen zur Aufführung gebracht.

Weiterführende Informationen und Hinweise zur Musical-Reihe sowie zum Erwerb von Aufführungsrechten können erfragt werden unter:
j.adamietz@llg-giessen.de

Biografien

Johannes Adamietz
Komponist und Autor

absolvierte sein Lehramtsstudium für Musik und Geschichte an der Hochschule für Musik und Darstellende Kunst Frankfurt und der Justus-Liebig-Universität Gießen. Er ist seit 2005 als Lehrer am Landgraf-Ludwigs-Gymnasium Gießen tätig. Jährlich erarbeitet er mit dem Unterstufenchor (Klasse 5/6) verschiedene Kindermusicals. Seit 2009 komponiert er die Musicalreihe um „Käpt'n Chaos". Für die Arrangements für Chor, Klavier und Orchester sowie bei der Konzeption der Musicals arbeitet er eng zusammen mit Martin Ballmeier. Darüber hinaus ist Johannes Adamietz auch als Chorleiter sowie Komponist von geistlicher Musik tätig.

Martin Ballmeier
Arrangeur, Lektor und Dramaturg

studierte Schulmusik an der Universität Kassel und ist seit 2007 als Lehrer für Musik und Deutsch am Landgraf-Ludwigs-Gymnasium Gießen tätig. Seit 2010 entwickelt er kontinuierlich den schulischen Schwerpunkt der Musicalarbeit und leitet seit 2012 hauptverantwortlich anspruchsvolle Musicalproduktionen mit der „LLG-Musical-Company" (u.a. FAME sowie Jekyll & Hyde). Daneben ist er ein gefragter Arrangeur für schulmusikalische sowie außerschulische Ensembles.

Cornelius Mann
Illustration

war nach dem Studium der evangelischen Theologie lange als Gemeindepfarrer tätig. Seit 2007 ist er Schulpfarrer am Landgraf-Ludwigs-Gymnasium in Gießen. Er unterrichtet dort Religion, DaZ (Deutsch als Zweitsprache) und ist in der Schulseelsorge tätig. Nebenbei schreibt und zeichnet er für seine Schüler und Enkel Geschichten. 2014 veröffentlichte er das Kinderbuch „Eine Maulwurfsgeschichte". Er singt in verschiedenen Chören und engagiert sich seit 2010 in der Gesellschaft für christlich-jüdische Zusammenarbeit in Gießen.

Kari Malin Anderson
Layout und Design

Nach einer Ausbildung zur musikpädagogische Erzieherin (Neumünster) und einem Studium für Graphik-Design (Hamburg) ist sie seit 2013 Musikstudentin an der Europa-Universität Flensburg. Ihre musikalischen Schwerpunkte sind facettenreich: von skandinavischer Volksmusik über klassischen Gesang (Hauptfach) bis hin zum Spiel auf der Harfe. Darüber hinaus ist sie vielfältig künstlerisch tätig und übernahm bereits für verschiedene Schriftwerke Verantwortung für Layout und Design.

Susanne Dreßler
Herausgeberin

studierte an der Hochschule für Musik und Theater in Leipzig Schulmusik, Elementare Musikpädagogik sowie Klavierpädagogik und wurde 2010 an der Universität Bremen promoviert. Anschließend trat sie in den Schuldienst am Landgraf-Ludwigs-Gymnasium Gießen ein und unterstützte dort mehrere Jahre die Chor- und Musicalarbeit. Seit Oktober 2015 ist sie Juniorprofessorin für Musikpädagogik an der Europa-Universität Flensburg und Herausgeberin der mit dieser Ausgabe initiierten Buchreihe MUSIK IM QUADRAT.

Publikationsreihe MUSIK IM QUADRAT

Die mit dieser Herausgabe neu gegründete Publikationsreihe MUSIK IM QUADRAT widmet sich vorrangig musikpädagogischem Material mit Schulbezug. Sie wird herausgegeben von Susanne Dreßler.
Der etwas sperrige Titel verweist nicht nur auf das gewählte Format, sondern soll bei der Betrachtung eines originellen musikalischen Gegenstands auch zu interdisziplinären Bezügen einladen. Ungewöhnliche, zunächst abwegig scheinende Ideen für Musikunterricht bzw. die musikpädagogische Arbeit werden hier vorgestellt und kommentiert, dabei sind Umsetzbarkeit und Originalität wesentlich für die Herausgabe. So können im Rahmen der Reihe bspw. Musicals publiziert werden, genauso wie anregende musikpädagogische Konzepte und Gestaltungsideen für den Musikunterricht. Es scheint lohnenswert, den jeweiligen Einzelpublikationen einen bezugnehmenden musikpädagogischen Kommentar, eine ergänzende Betrachtung, eine spielerische Einführung in das Material o.ä. zur Seite zu stellen.
Weil MUSIK IM QUADRAT ab 2017 im fabrico verlag® Hannover erscheint, verstehen sich auch die hier angesiedelten musikpädagogischen Publikationen an der Schnittstelle von „Kunst – Medien – Pädagogik".

fabrico
verlag